우리는 뇌가 시키는 대로 행동한다.
인간의 뇌는 가히 우주의 축소판이라 할 만큼 무한한 가능성을 지니고 있다.
당신의 뇌 또한 마찬가지로 무한하며 중요한 역할을 담당한다.
그런데 우리는 이런 뇌를 잘 사용하고 있을까?

뇌에서 사용되지 않는 부분은 자체적으로 폐기된다.
새롭게 배운 부분은 활성화된다. 심지어 외상성 뇌 손상을 입었을 경우에도
뇌는 잃어버린 기능을 되찾기 위해 손상을 입지 않은 부위에서
엄청난 양의 자체 재생을 하는 것도 가능하다.

뇌가 관심을 보일 만한 새롭고 신기한 일에 도전해 보자.
하려는 일이 독특할수록 우리의 뇌는 더 관심을 기울이고 배우려고 한다.

집중력 천재
잠자는 뇌를
깨 ★ 워 ★ 라

집중력 천재
잠자는 뇌를
깨 ∗ 워 ∗ 라

펴낸날 2022년 8월 30일 1판 1쇄

지은이_개러스 무어
옮긴이_윤동준
펴낸이_김영선
책임 교정_정아영
교정·교열_이교숙, 남은영, 이라야, 나지원
경영지원_최은정
디자인_페이지엔 김민영
마케팅_신용천

펴낸곳 (주)다빈치하우스-미디어숲
주소 경기도 고양시 일산서구 고양대로632번길 60, 207호
전화 (02) 323-7234
팩스 (02) 323-0253
홈페이지 www.mfbook.co.kr
이메일 dhhard@naver.com (원고투고)
출판등록번호 제 2-2767호

값 15,800원
ISBN 979-11-5874-161-7 (13370)

이 도서의 국립중앙도서관 출판예정도서목록(CIP)은 서지정보유통지원시스템 홈페이지(http://seoji.nl.go.kr)와
국가자료공동목록시스템(http://www.nl.go.kr/kolisnet)에서 이용하실 수 있습니다.

40일간 하루 20분, 쉽고 간단한 집중력 훈련법

개러스 무어 지음 | 윤동준 옮김

집중력 천재
잠자는 뇌를
깨워라

미디어숲

차례

BRAIN
COACH

시작하며

'하루 20분, 40일간의 집중력 훈련법'에 도전한 것을 진심으로 환영한다. 앞으로 하루에 두세 페이지를 읽고 두어 개의 관련 예제를 풀어나가는 것만으로도 당신은 40일 만에 집중력이 좋아진 것을 확인할 수 있다.

우리는 뇌가 시키는 대로 행동한다. 인간의 뇌는 가히 우주의 축소판이라 할 만큼 무한한 가능성을 지니고 있다. 당신의 뇌 또한 마찬가지로 무한하며 중요한 역할을 담당한다.
그런데 우리는 이런 뇌를 잘 사용하고 있을까?

이제 이 일일 프로그램을 통해 올바른 두뇌 사용법을 배워 보자. 이 책에 나와 있는 일일 프로그램은 최신 연구 결과를 바탕으로 쉽고 단순하게 구성됐다. 이를 바탕으로 일상생활에서 두뇌 사용법만 제대로 알아도 현명하고 빠르게 사고할 수 있다.

이 책에는 특별히 고안된 두뇌 활용 게임이 들어 있다. 책에 소개된 여러 비법을 배우고 바로 사용해 볼 수 있다.

물론, 이 책에 나온 40일간의 프로그램을 반드시 연달아 할 필요는 없다. 시간 사정에 따라 맞추면 된다. 실제로 뒷부분에 나와 있는 예제 중 일부는 끝마치는 데 하루 이상 걸릴 수도 있다. 모든 두뇌 훈련의 정답은 책 뒤쪽에 있다.

이 책의 주요 내용을 열심히 익히고 훈련법을 부지런히 따라해 보자. 이렇게 약 40일간, 하루 20분 신나게 놀다 보면 산만해진 집중력이 무섭도록 강력해진 날이 온다. 그날은 내가 집중력 천재로 되살아나는 날이 될 것이다.

저자 개러스 무어

DAY

01 산만해진 두뇌 컨디션 진단하기

우리는 거울에 비친 몸의 움직임을 통해 건강 상태나 그때의 기분을 알 수 있다. 하지만 머리는 어떤가? 머릿속 두뇌의 상태를 가늠하기란 정말 어려운 일이다. 좋은 두뇌 컨디션을 유지하는 것은 어느 모로 보나 몸 상태를 관리하는 것만큼이나 중요한 일이다.

계속해서 새로운 것들을 머릿속에 입력하면 두뇌는 새로운 사고 체계를 갖게 된다. 그러한 과정에서 당신의 뇌는 엄청난 양의 신체 에너지를 사용할 것이며, 그중 사용되지 않는 부분들은 자연히 사라지게 된다.

 왜 그럴까?

아무리 많은 지식을 가지고 있어도 뇌를 관리하지 않으면 쓸모가 없다. 두뇌 컨디션에 따라 신체의 건강 상태가 확연히 달라지기 때문이다.

MEMORY

- 뇌를 관리하는 것은 무척 중요하다.
- 두뇌력은 새로운 경험과 도전으로 향상된다.
- 사용하지 않는 두뇌 회로는 폐기된다.

 가급적 15분 안에 문제를 풀어 보자!

 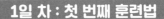

먼저 특이한 모양의 퍼즐을 풀면서 시작해 보자.

퍼즐을 푸는 방법은 다음과 같다. 그어진 선을 따라 1×2 혹은 1×3 크기의 직사각형을 그린다. 단, 한 직사각형 블록 안에는 오직 한 개의 숫자가 들어가야 한다.

★ 이 블록은 흰 부분으로 움직일 수 있으며, 블록 안 숫자는 해당 블록이 움직일 수 있는 흰 사각형의 개수를 의미한다. 가로 칸 수가 세로 칸 수보다 많은 블록은 가로로만 움직일 수 있으며, 반대로 세로 칸 수가 많은 블록은 세로로만 움직일 수 있다.

★ 옆의 예시를 보면 어떻게 하는지 감이 올 것이다. 예를 들어, 첫 번째 열의 2가 들어간 블록은 왼쪽으로 두 칸을 움직일 수 있다. 반면에 오른쪽 제일 밑의 0은 가로로 블록을 만들었으니 위로는 움직일 수 없으므로 아무 공간으로도 움직일 수가 없다.

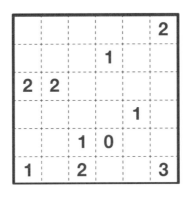

대부분은 미리 정해진 일들을 반복하며 일상을 산다. 당신은 어떤 일들을 반복하고 있는가? 일상 속에서 거의 매일 반복되는 몇 가지 일들을 적어보자.

    ★ 1: _____

    ★ 2: _____

    ★ 3: _____

    ★ 4: _____

이제 위에 적은 일들을 좀 더 다양한 것들로 바꾸어보자. 예를 들어 다른 길로 가보기, 좋아하는 음식 바꿔보기, 다른 카페 가보기, 안 가본 곳 걸어서 가보기나 색다른 스타일에 도전해 보기 같은 방법도 괜찮다. 어떤 방법이든 새로운 경험을 위해 당신이 시도해 볼 수 있는 것들을 아래에 간단히 적어보자.

    ★ 1: _____

    ★ 2: _____

    ★ 3: _____

    ★ 4: _____

다 적었다면 한두 개 정도는 연습 목록에 더 적어 넣어도 괜찮다.
더 많이 연습할수록 당신의 머리는 좋아질 테니까.

어떻게 하느냐에 따라 당신의 뇌가 달라진다

어릴 때는 두뇌가 매우 빠르게 성장한다. 나이가 들면서 더 넓은 세상을 경험하는 동안 뇌세포가 생겨나고 이들은 무시무시한 속도로 서로 연결된다. 그런데 사춘기에 들어서면 뇌는 스스로 정리를 하고 이미 만들어진 방대한 양의 뇌세포 연결 조합을 많이 사용하지 않게 된다.

인간의 뇌 기능은 대략 20대 중반에 최고치에 도달한다. (만약 이 책을 읽고 있는 당신이 20대라면, 아마 지금이 최고치일 것이다.) 이후부터는 두뇌력이 떨어진다. 하지만 그 속도를 조절하는 것은 충분히 가능하다. 좋은 두뇌 컨디션을 유지하면 두뇌 회전은 적정 수준에 머물겠지만, 그렇지 못하다면 나이가 들어감에 따라 현저하게 느려진다.

두뇌 관리법

다음의 두뇌 관리법으로 뇌를 건강하게 유지해 보자. 보기엔 쉽지만 막상 실천하기는 어렵다. 하지만 우리는 모두 하나의 뇌를 가지고 있고 그 컨디션을 유지할 능력이 있다는 사실을 명심하자.

- 가능한 한 자주 어렵고 이해하기 힘든 내용 접하기
- 다양하고 새로운 경험 쌓기
- 비타민, 미네랄, 지방산, 아미노산 등 하루 권장량의 영양분을 충분히 섭취하기
- 운동으로 건강한 몸매를 유지하며 두뇌에 지속적으로 적정량의 산소 공급하기
- 정신 건강 챙기기

02 매일 어렵고 새로운 것에 도전하라

두뇌 트레이닝은 뇌세포들을 새롭게 연결시켜 뇌를 자극하는 방법이다. 머리를 좋게 만드는 방법으로, '사용하거나 잃거나'라는 이름에서 구상되었다. 이는 머리를 쓰지 않으면 이미 가지고 있는 두뇌 활용 능력을 잃게 된다는 것이다. 또한 한 가지 두뇌 활용 기법을 익히면 다른 기법을 익힐 때 훨씬 수월해진다는 의미도 포함되어 있다.

 ## 왜 그럴까?

이미 가지고 있는 두뇌 활용 능력을 유지하거나 새로운 두뇌 활용 기법을 익히기 위해 계속해서 머리를 쓰기 때문이다. 어떤 훈련을 하든, 방식은 크게 중요하지 않지만 매일 다양한 방식의 훈련과 경험을 할수록 그 효과는 배가 된다.

MEMORY

- 새롭고 참신한 방법으로 머리를 자극하라.
- 뇌를 잘 사용하면 사고력이 향상된다.
- 새로운 것은 무엇이든 두뇌 훈련에 좋다.

 가급적 12분 안에 문제를 풀어 보자!

 집중력 강화 훈련 ───

주어진 철자를 재배열해 가능한 한 많은 단어를 만들어보자. 반드시 모든 철자를 사용해서 단어를 만들어야 한다.

N W O
(3 단어)

A N P S
(4 단어)

E I M S T
(5 단어)

아래 두 주사위를 보고 옆의 네 가지 전개도 중 올바른 것을 골라보자.

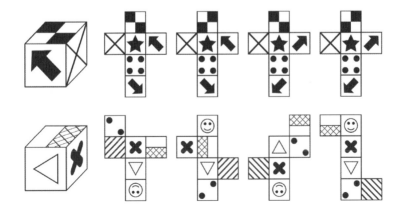

두뇌 훈련법은 재미있고 다양하게!

일반적으로 지루하거나 쉬운 일을 하면 뇌의 학습 능력은 떨어진다. 따라서 좋은 두뇌 훈련법은 집중이 필요하다. 거기에 재미까지 더해진다면 아무리 집중하기 어려운 일이라도 끝까지 해내는 데 큰 어려움이 없다.

시중에 나와 있는 대부분의 두뇌 훈련법은 연습을 계속 하다 보면 꽤 쉬워지는 경향이 있다. 이는 아무리 좋은 두뇌 훈련법일지라도 오래 하다 보면 두뇌 훈련에 큰 도움이 되지 않는다는 말이다. 결국 다양한 훈련이 필요하다. 한번 시도해 봤거나 이미 끝낸 훈련 방법으로는 처음과 같은 효과를 기대하기 어렵다. 예를 들어 처음 스도쿠(가로세로 9칸씩으로 이루어진 정사각형에 1부터 9까지의 숫자를 겹치지 않게 한 번씩 써서 채워 넣는 퍼즐 게임)를 했을 때 우리의 뇌는 큰 효과를 얻을 수 있지만, 천 번쯤 하면 아무리 스도쿠가 뇌에 좋다고 해도 처음과 같은 효과를 볼 수 없다.

매일 어렵고 새로운 일을 하라

유도 기술을 익힐 때 연습이 필요하듯이 두뇌 훈련 연습도 각각의 훈련을 좀 더 잘하게 만든다. 하지만 과연 비슷한 두뇌 훈련 방법이 그와는 상관없는 일들까지 잘하게 하거나 두뇌가 좋아지게 할까?

최근 진행된 대규모 연구 결과에 따르면 온라인 게임 등에서 찾아볼 수 있는 각각의 두뇌 훈련법의 효과는 딱 거기까지다. 즉, 이런 게임들이 50세 이하의 사용자가 전혀 다른 일을 할 때 그 일을 더 잘하게 만든다는 강력한 증거가 없다는 얘기다. 여기서 50세를 언급한 이유는, 이 나이 이후의 두뇌는 이전과는 사뭇 다른 모습이기 때문이다. 나이에 따른 두뇌 변화 탓인지 아니면 그저 연장자들이 일상생활에서 두뇌를 덜 써서인지 그 이유는 알 수 없지만 중요한 것은 두뇌 훈련의 효과는 얼마나 매일 두뇌를 쓰는지에 달려 있다.

기억력을 높이면 뇌도 좋아진다

쉽고 간단한 두뇌 트레이닝 게임은 일반 지능을 향상시키는 만능 해결책이 아니다. 하지만 두뇌 트레이닝 방법 중 부가 효과가 좋은 것이 바로 기억력에 관련된 훈련이다. 대부분은 핸드폰에 전화번호, 주소, 생일, 쇼핑 리스트 같은 다양한 정보들을 저장해 놓는다(아니면 다이어리나 캘린더에 기록한다). 그리고 이런 것들을 일일이 기억하기보다 온라인으로 찾는 데 더 익숙하다. 이는 대부분이 학교교육을 마치고 나면 굳이 기억력에 의존하지 않고 살아가는 현실을 잘 보여준다.

종합 두뇌 훈련은 기억력과 관련성이 낮지만 기억력을 높이는 두뇌 훈련은 업무 매뉴얼을 외우거나 상사의 지시, 공부한 내용 등 뭔가를 기억해야 할 때 도움이 많이 된다.

지금 당장 해 보자

이 책에는 몇몇 온라인 게임에서 볼 수 있는 종류 외에도 다양한 종류의 두뇌 훈련을 위한 도전 과제가 담겨 있다.

명심해야 할 점이 있다. 좌절감을 느끼려고 도전 과제를 푸는 것이 아니라는 것이다. 행복하고 편안할 때 두뇌의 학습 효과는 배가 된다. 따라서 도전 과제가 오히려 스트레스를 일으킨다면 잠시 내려놓고 다음에 다시 시도하는 것이 좋다.

도전 일수별로 분류된 연습 번호를 보고 책의 뒤쪽에 있는 정답을 찾아볼 수도 있다. 만약 퀴즈를 풀다 막히면, 언제든 정답을 보고 몰랐던 문제 해결 과정과 원래 알고 있던 부분이 어떻게 연결되어 문제가 풀리는지를 생각해 보는 것도 괜찮다.

주의가 산만하거나 당장 하는 일에 충분히 집중하지 않으면 일 처리 능력이 떨어진다. 더 깊게 집중하는 법을 배우면 복잡한 일도 점점 더 빠르게 처리할 수 있다. 이렇게 일 처리 시간을 줄이다 보면 결국엔 꽤 많은 시간을 아낄 수 있다.

 왜 그럴까?

집중해서 일하면 효율성이 올라간다. 일 처리 속도가 빨라져 남은 시간에 다른 일을 처리하거나 쉴 수 있다. 이는 성취감을 느끼게 하는데, 성취감은 스트레스를 줄이는 효과가 있다. 다시 말해, 집중을 통해 업무를 잘 처리한 만족감에서 오는 '행복'과 다른 일도 정확하고 빠르게 해치우는 '선순환'이 라는, 두 마리 토끼를 잡을 수 있다.

MEMORY

- 주의를 산만하게 하는 요인을 제거한다.
- 한 번에 하나의 일에만 집중한다.
- 하나의 일을 세분화하여 처리한다.

 18분 가급적 18분 안에 문제를 풀어 보자!

 집중력 강화 훈련

어떤 방해 요소 없이 집중해야 풀 수 있는 퍼즐이다. 이 퍼즐을 푸는 방법은 간단하다. 가로, 세로, 대각선 어느 방향으로도 같은 표시가 다섯 번 이상 나오지 않게 가능한 한 모든 사각형 안에 'O' 표시나 'X' 표시를 해 보자.

▶1

X	X		X		X	X	X
O	O	X	O	O	X	X	O
O		X			O	X	X
	O			X		O	X
X	O	O		X	X	O	
X	X		X		X	X	
O					O	O	
X		O			O	O	X

▶2

O	O			O	X	O	X
		X					
O			O			O	X
X	O		O	X		O	
	X		O			X	
X				O		O	
	X	O		X			
X	O	O			O	O	O

이 퍼즐은 앞서 나온 퍼즐과 비슷해 보일지 모르지만, 이번엔 행과 열 어디에도 같은 표시가 두 번을 초과하지 않게 가능한 한 모든 사각형 안에 '0' 표시나 '1' 표시를 해야 한다. 이번 퍼즐에서 대각선 방향으로는 제한이 없다.

▶1

	1		0		0	0	1
	1		0		0		1
		1			1	1	
0				0	0		1
1		0	0				0
	0	1			0		
0		1		0		1	
1	1	0		1		0	

▶2

	0						
		0		1	0		
1		1				0	
		1	1		1		
		0		1	1		
	0				0		0
		1	0		0		
						0	

집중을 방해하는 것들

우리의 집중을 방해하는 요소는 사방에 널려 있다. 주변 사람들의 대화, 벨소리, 핸드폰 알림이나 주변을 왔다 갔다 하는 사람들까지 매우 다양하다. 갑자기 불어오는 찬바람이나 어디선가 풍겨오는 좋은 음식 냄새도 우리의 집중을 방해한다.

집중을 방해하는 요소를 모두 제거하는 것은 어려운 일이다. 하지만 이러한 것들을 최대한 제거하는 것은 반드시 필요하다. 혼자만의 시간을 위해 주변 사람들에게 양해를 구하는 것을 나쁘게만 생각하지 마라. 또한 한 시간쯤 메신저나 이메일에 답장하지 않아도 큰일이 생기지 않으니 걱정할 필요도 없다. 정 불안하다면 진짜 긴급 상황에서만 사용 가능한 연락 방법을 마련해 두는 것으로 충분하다.

집중 또 집중하기

일을 끝마치려면 당장 손에 들고 있는 일에 집중해야 한다. 외부 방해 요소들을 제거하는 것 또한 집중하는 방법 중 하나다. 하지만 가장 조심해야 할 것은 딴생각을 하는 자기 자신이다.

일 처리를 쉽게 하는 방법은 많지만, 그중에서도 몇 가지 중요한 방법이 있다.

• 두 가지 일을 한 번에 처리하지 마라. 사람은 보통 여러 가지 일을 동시에 생각할 수 없다.
• 불가능한 목표를 세워놓고 계속 미루거나 목적 없이 일하지 말고 현실적인 목표를 세워라.
• 어렵고 복잡한 일은 할 수 있는 일들로 잘게 쪼개어 작은 것부터 시작해라.

04 실천할 수 있는 목표에 집중하라

사람들은 저마다의 꿈이 있다. 당신은 꿈에 한층 더 가까워지기 위해 어떤 일을 하고 있는가? 로또에 당첨되거나 아니면 운 좋게 그 꿈을 이뤄줄 귀인을 만날 수 있을지도 모르지만 너무 운에만 의존하는 것은 그럴싸한 계획이 아니다. 목표를 이루려면 무엇을 해야 할까?

 ## 왜 그럴까?

꿈을 꾸는 것은 멋진 일이다. 하지만 꿈을 꾸는 데 그치지 않고 행동으로 옮기는 일은 더욱더 중요하다. 설령 그 목표를 달성하는 데 어느 정도 운이 필요할지라도 계획을 세우는 것 자체만으로도 우리는 행운의 주사위를 가능한 한 많이 굴릴 수 있는 기회를 얻는 것과 다름없다. 달성하고 싶은 목표가 있다면 현실적인 계획을 세우고 실천에 옮겨야 한다.

MEMORY

- 나는 어떤 꿈과 목표를 가지고 있나?
- 어떤 일을 해야 그 목표에 가까워질 수 있을까?
- 복잡하고 어려운 일들을 간단한 것들로 나눠보자.

 가급적 12분 안에 문제를 풀어 보자!

 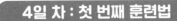

이루고 싶은 꿈을 아래에 적어보자.

_____

꿈을 이루려면 어떤 능력이 필요한가? 당신은 이미 그 능력들을 전부 갖추고 있는가? 아니라면 어떤 장애물이 당신을 방해하고 있는지 세 가지만 적어보자.

    ★ 1: _____

    ★ 2: _____

    ★ 3: _____

목표를 쉬운 단계들로 세분화해 보고 더 잘게 나눌 수 있는지, 그 끝이 당신의 꿈과 확실히 이어져 있는지 잘 생각해 보자.

    ★ 1: _____

    ★ 2: _____

    ★ 3: _____

이제 하루 동안 위에 적은 내용들을 곱씹어보자. 자연스럽게 개선할 점이 보일 것이다. 앞으로 꿈에 한 발짝씩 다가갈 때마다 세부 내용은 계속 수정해도 좋다.

이번 과제의 목표는 당신의 꿈에 비하면 무척 단순하다. 하지만 잘 생각하고
차근차근 해나가야 하는 건 마찬가지다.

아래 둥글게 모여 있는 점들을 보자. 모든 점이 네 변 위에 있는 정사각형을
그릴 수 있는가?

단계적인 문제 해결 방법

무슨 일이든 시작이 어렵다는 의미로 '시작이 반'이라는 속담이 있다. 종종 첫 시작부터 쉽게 시도하지 못했던 일을 해야만 할 때가 있다. 싫어하는 사람에게 꺼내기 어려운 말을 해야 한다거나 평소보다 더 의연한 척 행동해야 하는 것처럼 말이다. 사업을 할 계획이라면 물건 판매와 마케팅을 위해 끊임없이 아쉬운 소리를 해야 한다. 도움이 되는 조언을 얻기 위해 남들에게 싫은 소리를 꾹꾹 참아가며 들어야 할 때도 있다. 하지만 알다시피 목표를 이루려면 이런 일들을 이겨내야 한다.

• 꿈을 이루기 위해 반드시 할 줄 알아야 하는 일에는 무엇이 있을까?
• 과연 그 일을 할 수 있을까? 못하겠다면, 조언을 구할 수 있는 사람을 찾을 수 있을까?
• 그 일을 할 능력이 안 된다면, 과연 자신이 세운 목표가 현실적인 것일까? 혹시 목표를 조금 수정해야 하는 건 아닐까?

어떤 일을 할 때 무엇보다 첫 시작부터 자기 자신에게 솔직해져야 한다. 이룰 수 없는 꿈을 붙들고 있는 건 결국 시간만 낭비하는 꼴이다.

쉽게 생각하라

목표를 확실히 정했다면, 그 목표로 가는 길을 세분화한다. 작은 단계부터 차근차근 해나가다 보면 목표에 가까워질 때쯤엔 전보다 훨씬 발전해 있는 자신을 발견할 수 있을 것이다. 각 단계는 쉬우면 쉬울수록 성취감을 더 많이 느낄 수 있다. 그렇다고 단계를 너무 많이 나누면 시작하기도 전에 진이 빠질 수 있으니 주의해야 한다.

DAY 05 일의 중요도에 따라 우선순위를 정하라

우선순위별로 정리된 깔끔한 계획이 없다면 목표가 크든 작든 결국 이룰 수 없는 것은 마찬가지다. 자기 자신 말고 다른 방해 요소가 없다면 이제 변명을 집어치우고 제대로 된 계획을 세울 시간이다. 계획을 세울 땐 단계를 나누고 효과적으로 일을 끝낼 수 있도록 단계 안에서 다시 우선순위를 정하는 것이 중요하다.

 왜 그럴까?

모든 일에 순서를 매기는 일은 중요하다. 가끔 무슨 일부터 해야 할지 순서를 정하기 어려울 때도 있지만 중요한 순서대로 집중해서 처리해야 효과적이다.

MEMORY

- 중요도와 마감일을 기준으로 일의 순서를 정해 보자.
- 남이 아닌 나 자신을 생각하자.
- 작은 목표를 달성할 때마다 나 자신에게 선물을 주자.

 15분 가급적 15분 안에 문제를 풀어 보자!

작은 목표를 이루고 만족감 느끼기

계획한 단계들을 차근차근 하나하나 끝내가다 보면 한층 더 높아진 기대치와 더불어 새로운 목표가 필요해진다. 이는 매우 바람직한 현상이다. 그러니 달라진 현실에 맞춰 계획과 우선순위를 전반적으로 조정하는 과정이 필요하다.

한 단계를 끝내고 나면 자신에게 선물을 주자. 반드시 물건일 필요는 없다. 숨을 한 번 크게 쉬고 거울을 보며 방긋 웃는 정도도 괜찮다. 중요한 건 나 자신이 발전하고 있음을 인식하는 것이기 때문이다. 그러니 쌓여 있는 일들을 보며 한숨만 쉬지 말고 하나라도 끝낸 나 자신에게 충분히 만족감을 느낄 수 있는 시간을 선물하자.

 집중력 강화 훈련 ───────── **5일 차 : 첫 번째 훈련법**

다음 표의 0~0에서부터 6~6까지의 숫자 묶음을 만들어보자. 각각의 묶음은 딱 하나만 있어야 한다. 예를 들어 옆에 절반이 지워진 작은 차트를 보면 3~0과 5~0에 체크가 되어 있다. 그리고 주어진 숫자판을 보면 이에 해당하는 숫자 묶음 두 개가 각각 표시되어 있다. 이제 당신이 남은 숫자 묶음을 만들어볼 차례다. 작은 차트에 체크 표시를 하면서 풀면 좀 더 수월하다.

0	1	4	3	0	0	2	2
6	3	2	2	1	2	0	4
5	6	5	2	5	6	0	3
2	4	0	0	3	5	3	6
1	5	3	5	1	2	4	6
4	5	2	4	3	4	6	4
6	5	0	4	1	1	1	1

0	1	2	3	4	5	6	
			✓		✓		0
							1
							2
							3
							4
							5
							6

다음은 지뢰 찾기 게임이다. 지뢰가 있는 위치에 표시를 해가면서 풀어 보자. 지뢰는 숫자가 쓰여 있지 않은 빈 칸 안에만 한 개씩 존재한다. 빈칸에 쓰여 있는 숫자는 그 칸을 둘러싼 칸들 안에 있는 지뢰의 총개수를 의미

0		💣	2
	3	💣	2
💣	2		1
		0	

한다. 옆의 예시를 보면 숫자 3이 쓰여 있는 칸을 둘러싸고 있는 총 8개의 칸 중 숫자가 없는 3개의 빈칸에 지뢰가 들어 있는 것을 볼 수 있다. 같은 원리로 0을 둘러싼 3개의 칸에는 지뢰가 없음을 볼 수 있다.

▶1

1			2	
	4			2
	4		2	
3		3		2
				1

▶2

		1		3		2
2	3		3			3
			4		5	
3		1				
	4			2		
		2			1	
	2				1	1

우선순위 구분하기

복잡한 일일수록 작고 간단하게 나누어야 한다는 사실을 배웠다. 이제 나누어진 작은 단계들 중 무엇부터 시작할지를 알아야 한다. 다시 강조하지만 지나치게 쉬운 일로 나눠버리면 소용없다는 걸 기억하자. 가능한 한 부담을 느끼지 않을 정도에서 적당한 개수로 나누고 우선순위를 정해 보자.

• 가장 쉽고, 끝냈을 때 이득이 많은 일부터 처리하자.
• 몇 단계를 끝내고 속도가 붙었다 싶었을 때는 우선순위를 바꿔도 좋다.
• 무조건 쉬운 일부터 끝내기보다 중요한 일부터 끝낸다.

일의 우선순위를 정하고 나면 중요도가 높은 순으로 분류해 보자. 이제 목표를 이루기 위한 모든 준비는 끝났다.

나만의 목표를 세운다

우리는 수많은 사람들에 둘러싸여 살아가기에 타인의 시선을 무시하기가 힘들다. 목표를 세울 때마저 타인을 먼저 고려할 때가 있다. 하지만 타인보다 중요한 것은 자기 자신의 만족이다. 타인의 욕구와 기대에 맞춰 살아가다 보면 일이 잘 풀리지 않을 때 남을 비난하기 쉽고 다른 사람이 해결해 주길 기다리는 마음이 생긴다. 자기 자신을 중심에 두고 목표를 세우다 보면 달성했을 때 만족이 클 뿐만 아니라 설령 잘 되지 않아도 자신에게서 문제의 원인을 찾기 때문에 실패해도 다시 일어서기가 쉽다.

결심하는 것과 실제로 그 일을 하는 것은 매우 다르다. 슬럼프에 빠진 사람들은 시작을 무엇보다도 중요시 여긴다. 반면에 원래의 목표에 집중하는 것을 더 중요하게 여기는 사람도 있다.

 왜 그럴까?

모든 일은 끝마치는 것만으로도 큰 의미가 있다. 아니면 그냥 신나게 즐기고 편하게 사는 방법도 있다. 하지만 어차피 다 놀고 나면 끝내야 할 일은 해야 한다. 제때 일을 끝내면 일을 마친 후 밀려드는 행복감과 편안함, 그리고 다음 일에 더 집중할 수 있게 하는 선순환이 생긴다.

MEMORY

- 시작이 있어야 끝도 있다.
- 일이 너무 어려우면 쉽게 바꿔보는 것도 방법이다.
- 생각만 하지 말고 적어보자.

 가급적 15분 안에 문제를 풀어 보자!

오로지 수직선과 수평선을 사용해 모든 점을 지나는 하나의 선을 그려보자.

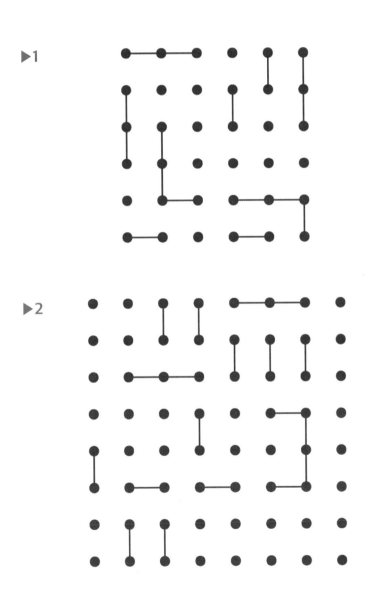

일을 끝내는 방법

뭔가를 끝내고 싶다면 아래 두 가지 핵심 포인트를 기억하자.

• 일단 시작하고 집중하라.
• 당장 하고 있는 일에만 집중하라. 완전히 끝날 때까지 끝난 게 아니다.

우리는 대부분 위 두 가지 중 적어도 하나 때문에 끙끙거린다. 어려운 일은 미루고, 쉽고 간단한 일부터 먼저 하는 것은 매우 자연스러운 일이다. 하지만 앞에서도 강조했듯이 쉬운 일은 중요도가 낮을수록 나중에 한다. 어려운 일을 먼저 끝내지 않으면 쉬운 일조차 끝내지 못하고 할 일을 자꾸 미루게 된다.

마감일 정하기

마감일이 정해져야 시작하는 사람이거나 이미 있는 마감일보다 먼저 끝내는 사람이라면 스스로 직접 마감일을 정하는 것이 좋다. 자신을 믿지 못하겠다면 친구나 가족에게 자신이 정한 마감일을 알리고 재촉해달라고 부탁하는 것도 방법이다. 혹은 마감일에 맞춰 적절한 보상을 준비해 두는 것도 괜찮은 방법이다. 예를 들어 일을 끝내는 날 친구와 여행을 가거나 영화를 보는 계획을 세운다. 대신 마감일을 지키지 못하면 보상도 없다는 것을 명심하자.

마감일을 자주 놓친 경험이 있다면 마감일을 미리 당겨서 메모하는 습관을 들인다. 매번 일을 끝낼 때마다 마감일을 앞당겨 적는 것을 반복하다 보면 어느새 마감일보다 하루나 심지어 일주일 전에 일을 끝낼 수도 있다.

집중 상태 유지하기

갑자기 일이 술술 풀릴 때가 있다. 헬스장을 다녀온 다음이나, 차나 커피를 책상 위에 두었을 때 등 두뇌가 잘 돌아가게 하는 방법은 사람마다 다르다. 그게 무엇이든 최상의 집중 상태를 유지하게 도와준 방법을 떠올려보고 적어보자. 다음번에도 같은 방법을 사용하면 유용하다.

한번 일을 시작하고 나면 처음 설정한 목표에 계속 집중해야 한다. 어떻게 집중하느냐고? 간단하다. 시작하기 전에 미리 방해 요소를 없앤다. 물론 여기엔 잡생각도 포함된다. 집중력을 방해하는 요소를 없애기 위해 많은 사람이 효과를 본 방법은 다음과 같다.

• 가장 급한 일부터 차근차근 할 일을 적어라.

잔뜩 쌓인 해야 할 일들이나 풀어야 할 숙제를 적지 않고 머릿속에만 담아두는 것은 꽤 골치 아픈 일이다. 가장 급한 일부터 차근차근 적어보자. 머릿속에 있던 것들을 종이에 적다 보면 일을 더 효과적으로 끝낼 수 있다.

제한 시간 정하기

해야 할 일을 곧장 시작하기보다 그 일을 하는 데 얼마나 걸릴지 시간을 예측하고 적어보자. 해야 할 일에 각각 충분한 시간을 확보해 놓으면 다른 마감일에 신경 쓰지 않고 현재 하는 일에 더욱 집중할 수 있다. 정한 시간보다 앞당겨 끝내거나 초과해도 괜찮다. 시행착오를 겪다 보면 다음 할 일에 쓸 수 있는 제한 시간을 더 정확하게 가늠할 수 있기 때문이다.

적절한 스트레스를 영리하게 이용하라

스트레스를 안 받고 사는 사람은 없다. 스트레스는 인간이 적응해야 할 어떤 변화를 의미하기도 한다. 인류가 진화해 오면서 외부 자극에 예민하게 반응하는 현상 또한 스트레스에 해당된다. 우리의 몸은 언제나 갑자기 생기는 일들에 빠르게 반응하기 위해 항상 신경이 곤두서 있다.

 왜 그럴까?

적절한 스트레스는 일을 빨리 끝내는 데 도움이 된다. 하지만 스트레스를 받을 때 기분은 썩 좋지 않다. 스트레스를 받으면 생리적·심리적 반응을 일으켜 불안, 초조, 두려움, 피로, 두통 등이 생기기 때문이다. 장시간 스트레스에 노출되면 우리의 뇌도 부정적인 영향을 받기 때문에 만성 스트레스는 절대로 방치해서는 안 된다.

MEMORY

- 스트레스를 받은 두뇌는 평소와 다르게 돌아간다.
- 약간의 스트레스는 오히려 도움이 된다.
- 만성 스트레스는 조심해야 한다.

 25분 가급적 25분 안에 문제를 풀어 보자!

 집중력 강화 훈련

누구나 손쉽게 할 수 있는 컬러링이다. 아래 주어진 숫자에 해당하는 색깔로
컬러링 과제를 완성해 보자.

1=하늘색 2=파랑색 3=남색 4=흰색 5=초록색 6=노란색 7=주황색 8=빨강색 9=진한 빨강
A=갈색 B=연갈색

39

순서대로 점을 연결해 숨어 있는 우리의 귀여운 친구를 찾아보자.
검은색 별로 표시된 '1'부터 시작한다. 흰색 별로 표시된 숫자가 나올 때까지
순서대로 쭉 이어 보자. 그다음엔 펜을 떼고 다음 검은색 별로 표시된 숫자
부터 다시 시작한다. 흰 별이 나오고 나면 꼭 펜을 들어 다음 검은색 별에서
시작하는 걸 잊지 말자.

스트레스를 받을 때

가끔씩 스트레스를 받을 때 다음과 같은 방법으로 풀어 보자.

- **유머 치료:** 웃음은 스트레스 완화에 도움이 된다는 게 학계의 정설이다.
- **운동:** 어떤 운동이든 강도가 높을수록 스트레스 해소에 더욱더 도움이 된다.
- **친구 만나기:** 다른 사람과의 교류는 소속감을 느끼게 하고, 가지고 있는 고민 거리를 나누는 것만으로도 큰 도움이 된다.
- **휴식 시간 갖기:** 일에 집중하기 힘든 시간대에 휴식 시간을 정한다. 혹은 일 부러 시간을 내어 스트레스의 원인을 생각해 보는 것도 좋다.

만약 지금 가지고 있는 스트레스가 왜 생겼는지 또 어떻게 하면 해소할 수 있는지를 안다면, 각자 나름대로 방법을 취하면 된다. 그 원인이 앞으로 끝내야만 하는 일이라면, 일을 끝마치고 난 후 홀가분해진 기분을 상상해 보라. 스트레스를 해소하는 방법은 무궁무진하다.

서두르지 않기

우리는 평소에 산더미처럼 쌓인 일들 때문에 스트레스를 받을 때가 많다. 스트레스를 받으면 무조건 서둘러 일을 끝마쳐야 한다는 압박을 받아 오히려 도움이 될 때도 있다. 하지만 결국 일을 계속 미루는 데 일조할 뿐이다.
자신이 일을 끝낼 수 있는 현실적인 시간제한을 정해 보자. 아니면 어려운 일을 바로 끝낼 수 있는 작은 단계로 잘게 나눠 각각의 단계를 해결할 수 있는 시간을 정한다. 이렇게 스스로 정한 시간을 제때 지키기만 해도 스트레스가 한층 줄어든다. 스트레스를 받은 뇌는 우리 몸에 어서 행동하라고 명령을 내린다. 그러니 시간제한을 두어 서두르지 않아도 된다고 뇌를 다독이는 것이 필요하다.

DAY
08 푹 자고 일어난
뇌의 놀라운 변화

수면은 인간에게 필수적인 요소다. 잠들지 않고 깨어 있은 지 18시간이 되면 판단력이 흐려지고 10일째가 되면 인간의 몸은 더 이상 버티지 못한다. 뇌를 포함한 신체 모든 부분은 숙면을 취할 때 비로소 재생이 시작된다.

 왜 그럴까?

여전히 숙면에 대해 밝혀진 바가 적지만 장기 기억을 위해 숙면이 필요한 것은 확실히 입증됐다. 잠을 자는 동안 뇌는 그날 새롭게 배운 내용을 분류하고 이해하는 등 하루 동안 있었던 일을 정리한다. 그리고 우리가 직접 인식하진 못하지만 '생각'도 한다. 가끔 자고 일어나서 고심했던 문제의 해답이 떠오를 때를 경험한 적 있을 것이다. 이것이 잘 때 생각을 했다는 증거다.

MEMORY

- 잠을 자지 않으면 인간은 살아갈 수 없다.
- 잠자는 동안 우리의 뇌는 일을 시작한다.
- 충분한 수면은 장기적인 기억력 향상에 도움을 준다.

 가급적 15분 안에 문제를 풀어 보자!

 집중력 강화 훈련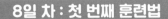

아래 질문에 대한 답이 곧바로 떠오르지 않는다면, 잠자기 전에 계속 질문을 생각해 보자. 일어났을 때 자는 동안 우리의 뇌가 얼마나 열심히 생각을 했는지 결과를 보자.

★ 어떤 박스에든 추가했을 때 더 가벼워지는 게 있다. 이것은 무엇일까?

★ 아무리 낮추려고 해도 올라가는 것은?

★ 한 곳에 있지만 동시에 여러 나라를 여행할 수 있는 것은?

★ 나는 달리기 경주에서 2등을 제쳤다. 이제 내 등수는?

★ 많이 드리울수록 보기 힘들어지는 것은?

★ 아무리 보내도 영원히 계속 다가오는 것은?

★ 어떻게 하면 전속력으로 던진 공이 곧바로 다시 돌아오게 할 수 있을까?

★ 다섯 철자로 이루어진 어떤 영어 단어는 철자 두 개를 뺐을 때 하나만 남는다고 한다. 이 단어는 무엇일까?

★ 9에 5를 더했을 때 2가 되는 상황은?

★ 계속 빼는데도 자꾸만 커지는 것은?

이번 과제는 암호 해독이다. 한글 자음 순서에 유의해 명언을 해독해 보자. 모음은 그대로 두고 자음만 앞이나 뒤로 몇 칸씩 움직여 바꾸면 해독할 수 있다. 예를 들어 +3이면 ㄱ을 ㄹ으로, ㄴ을 ㅁ으로, ㅌ을 ㄱ으로, ㅎ을 ㄷ으로 바꾼다. -2이면 ㄷ을 ㄱ으로, ㅅ을 ㅁ으로 바꾼다.

ㄱ ㄴ ㄷ ㄹ ㅁ ㅂ ㅅ ㅇ ㅈ ㅊ ㅋ ㅌ ㅍ ㅎ

★ 가듣 샅호 얾슫 샬력 맹억맹븟시나. (+1)

★ 롲크캬 나크캬 츠천디 훅레포타. (+5)

★ 카믐뤚키 딩키바. (-3)

★ 더 차이즘 잠바. (-1)

★ 오븜 킴람큼 넉븍다바. (-3)

이제는 꿈나라로 갈 시간

불면증 탓에 개운하게 아침을 맞지 못하는 사람이 있다. 수면 장애는 뇌뿐만 아니라 신체 모든 부분에 안 좋은 영향을 미친다.

불면증이나 수면 장애에 시달린다면 수면 습관을 돌아볼 필요가 있다. 무슨 일이 있어도 일정한 시간에 잠을 자는 습관을 들인다. 아침에 벌떡 일어나지 못하고 좀 더 자는 쪽을 택한다면 숙면이 필요하다는 증거다. 늦은 시간 SNS 나 게임을 하는 것은 좋지 않다. 이 때문에 늦게 잔다면 차라리 일찍 일어나서 하자.

7시간 + α

사람은 보통 7시간 정도 자야 한다. 6시간만 자도 충분한 사람도 있지만 대부분은 그 이하로 잘 경우 몸이 버티지 못한다. 분명히 이보다 적게 자는 사람도 있긴 하다. 힘든 일도 잘 견딜 수 있는 몸을 가진 사람이 그렇다. 하지만 나이가 들면 상황은 당연히 달라진다.

수면 장애

수면 장애는 가능한 한 빨리 고치는 것이 좋다. 소음이나 스트레스처럼 잠을 방해하는 요인이 무엇인지 잘 살펴보자. 이유를 모르겠다면 병원에서 상담을 받아 보는 것도 좋다. 수면 기록 습관을 들이면 자신이 어떤 문제를 가지고 있는지 파악하기 쉽다. 잠이 부족하면 자신을 포함한 주변 사람들에게도 영향을 미친다. 행복한 삶을 위해선 충분한 수면이 필요하다.

DAY
09 집중력을 위한 최고의 명약, '운동'

인간의 뇌는 원활하게 활동하기 위해 지속적으로 특정 화학물질을 요구한다. 화학물질은 뇌를 보호하고 유지하는 기능을 하는데 주로 운동이나 적절한 식습관을 통해 공급받는다.

 ## 왜 그럴까?

뇌세포가 저장할 수 있는 에너지는 한계가 있다. 따라서 꾸준한 산소 공급을 통해 대사를 원활하게 해 줘야 한다. 신체가 건강하지 않은 사람의 뇌는 같은 사고 경로를 거치더라도 에너지를 보충하기 위해 일반인보다 더 오래 기다려야 한다. 이 밖에도 적절한 몸 관리를 통해 뇌 활동에 도움이 되는 적정량의 비타민, 미네랄, 필수 지방산의 공급이 필요하다.

MEMORY

- 몸 건강에서 뇌 건강을 빼놓을 수 없다.
- 뇌 활동을 위해서는 에너지 공급이 지속적으로 필요하다.
- 적절히 에너지원을 공급받으면 뇌는 더 빨리 생각한다.

 가급적 15분 안에 문제를 풀어 보자!

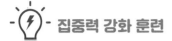

집중력 강화 훈련 ──

아래 주어진 모눈종이의 빈칸에 알맞은 숫자를 넣어 과제를 완성해 보자.
1번의 경우 1부터 36까지, 2번의 경우 1부터 64까지 모든 숫자가 연결되어
있어야 한다. 숫자는 오로지 왼쪽/오른쪽/위/아래로만 움직일 수 있으며 다
음 칸이 그 앞 칸보다 정확히 1씩 증가해야 한다.

▶1

	32			35	
30					19
		23	16		
		24	15		
7					12
	5			2	

▶2

		5			62		
	17		1	60		64	
		19			34		
		20			35		
	14		30	37		47	
		22			39		

47

뇌가 좋아하는 운동

'건강한 몸 유지하기'라는 목표를 충분히 수행했는데도 뭔가 부족하다면 몸이 아닌 뇌 건강을 챙겨 보자. 가벼운 걷기 같은 유산소 운동은 뇌를 더욱더 건강하게 한다.

- 운동은 뇌의 기초 체력을 향상시킨다.
- 운동은 무언가를 새로이 습득할 수 있게 도움을 준다.
- 운동이야말로 집중력을 향상시키는 최고의 도구다.
- 운동은 스트레스 해소에 큰 도움을 줄 뿐더러 우울증을 줄이는 데도 효과가 있다.
- 운동은 창의적인 생각을 돕는다.

사실 운동의 중요성을 입증하는 주목할 만한 증거는 따로 있다.

- 운동은 뇌세포가 죽는 것을 막아줄 뿐만 아니라 노화가 진행됨에 따라 치매의 시작을 어느 정도 늦춰주는 역할도 한다.

지금 당장 유산소 운동을 시작하라

늦었다고 생각했을 때가 가장 빠른 순간이다. 하루 종일 책상에 앉아 있어야 한다면 일어나 주위를 잠깐 걸어 보자. 매일 운동할 수 없는 상황이라면 최소한 유산소 운동이라도 할 수 있게 노력해 보자. 아무것도 하지 않는 것보다 뭐라도 하는 것이 낫다. 적어도 이 정도면 됐다 싶을 만큼 가능한 한 많이 움직여라.

뇌 건강을 살리는 식습관

앞에서 말했듯 인간의 뇌가 활동하려면 에너지원이 필요하다. 산소는 그중에서도 가장 기본적이면서 중요한 요소다. 하지만 최상의 뇌 건강을 유지하려면 적절한 식습관도 필수다. 어떤 영양소가 필요한지 알아보자.

- **비타민**: 우리 몸은 유기 화학물을 자급자족할 수 없다.
- **미네랄**: 우리 몸에 필요한 필수 화학 요소 중 하나다.
- **필수 지방산**: 오메가-3를 포함한 다가불포화지방산이 이에 해당된다.
- **필수 아미노산**: 주로 단백질을 통해 얻을 수 있다.

건강한 식습관이란 무엇일까?

균형 잡힌 영양소를 포함하고 있는 다양한 종류의 음식을 섭취하고, 원 푸드 다이어트와 같은 영양불균형을 초래하는 식이요법을 피하는 것이다.
이 밖에도 수많은 의학 전문가들이 아래와 같은 방법을 권장한다.

- 작은 접시를 사용해 음식 남기지 않기
- 충분한 포만감을 느끼기 위해 천천히 먹기
- 아침 먹기
- 물 마시기

오메가-3

오메가-3는 뇌가 잘 작동하는 데 필요한 필수 지방산이다. 하지만 권장량 이상을 섭취한다고 해서 더 똑똑해지는 것은 아니므로 적정량을 섭취한다. 게다가 영양제보다는 실제 음식을 통해 섭취했을 때 더 효과적이라는 연구 결과가 있다. 오메가-3는 생선이나 아마씨, 들깨, 브로콜리, 호두 같은 음식에 풍부하게 들어 있다.

DAY 10 경이로운 뇌세포의 재생능력

인간의 뇌는 일생동안 끊임없이 새로운 사고방식을 터득한다. 게다가 장기 기억 능력과 관련하여 새로운 뇌세포를 만드는 것도 가능하다. 비교적 젊은 사람들의 뇌는 빠르게 변화한다. 어릴 때는 새롭게 주어지는 것을 있는 그대로 받아들인다. 그러나 나이가 들어감에 따라 뇌는 새로운 것을 스스로 인식하기 시작한다. 아주 사소하더라도 지금의 생활에 적용하기 위해서다.

 왜 그럴까?

뇌에서 사용되지 않는 부분은 자체적으로 폐기되고 새롭게 배운 부분은 활성화된다. 심지어 외상성 뇌 손상을 입었을 경우에도 뇌는 잃어버린 기능을 되찾기 위해 손상을 입지 않은 부위에서 엄청난 양의 자체 재생을 한다.

MEMORY
- 인간의 뇌는 끊임없이 새로운 것을 받아들인다.
- 특정 분야의 뇌세포를 생성하는 것도 가능하다.
- 뇌는 서서히 변화하고 발달한다.

 가급적 30분 안에 문제를 풀어 보자!

집중력 강화 훈련

빈칸에 A부터 F까지 채워 보자. 단, 가로나 세로 모두 겹치는 철자가 있으면 안 된다.

▶1

F		B	D		A
	C			B	
D					C
A					B
	D			F	
C		E	B		F

▶2

A	C					H	F
B			E	F			A
		A			F		
	F		A	C		E	
	H		G	B			A
		D			B		
H			C	D			G
C	A					G	E

주어진 모눈종이의 빈칸에 알맞은 숫자를 넣어 과제를 완성해 보자. 1번의 경우 1부터 36까지, 2번의 경우 1부터 64까지 모든 숫자가 연결되어 있어야 한다. 숫자는 사선을 포함해 어느 방향으로든 이동이 가능하지만 다음 칸이 그 앞 칸보다 정확히 1씩 증가해야 한다.

▶1

13	15	17			
	14		33		36
					31
	8	1	21		30
		23	22	25	
		3			26

▶2

		57		15	16		
	28						
31				55		10	
32		64				19	9
	25			53	20		7
					1	6	
	37		47	42	45		
		38	41				3

빈칸에 0부터 9까지의 숫자를 적어 보자. 단, 아래의 조건에 맞게 적어야 한다.

★ 흰 칸의 세로 합은 진한 칸에 적힌 숫자와 같다.
★ 흰 칸을 가로로 봤을 때 0부터 9까지의 숫자를 모두 포함해야 한다.
★ 같은 숫자는 사선을 포함한 어떤 방향으로도 맞붙어 있을 수 없다.

▶1

	7		2				0		
	9	0	5		2		1	6	8
	7	8			6	4		2	3
	6		7	2		1			
		0	5	1			2		3
19	37	17	20	24	23	21	16	27	21

▶2

2		1					6	7	
	9	6				5			
8				4	6	0			3
			6		2	1		8	0
	8	7	2				5	9	6
15	38	21	25	22	20	6	25	33	20

시도조차 하지 않은 일에 도전하라

뇌가 관심을 보일 만한 새롭고 신기한 일에 도전해 보자. 하려는 일이 독특할수록 우리의 뇌는 더 관심을 기울이고 배우려고 한다.

일상생활을 하는 동안 우리의 뇌는 비행기의 '자동 비행 모드'와 같은 상태로 설정되어 있다. 따라서 머리가 좋아지게 하려면 새로운 것을 시도해야 한다.

 왜 그럴까?

어떤 사건이 일어났을 때 생각의 방향을 미리 정해 놓는 것이 뇌가 하는 일이다. 머리가 좋아지려면 지금껏 해 보지 않은 일을 시도하는 것이 좋다. 새로운 것에 도전할 때 뇌는 기존과는 다른 사고방식으로 접근하기 때문이다.

MEMORY

- 적극적으로 새로운 것에 도전해 보자.
- 전에는 엄두도 못 냈던 일에 도전하는 것은 설레는 일이다.
- 매일 하던 일에 아주 살짝 변화를 주는 것은 어떨까.

 20분 가급적 20분 안에 문제를 풀어 보자!

 집중력 강화 훈련 ───

다음번 익숙한 장소에 나갈 때는 고개를 들어 위쪽을 관찰해 보자. 무엇이 보이는가? 일반 사람의 눈높이 위쪽에는 평소에는 지나쳐서 보지 못했던 건물 같은 새로운 것이 있다.

매일 무심코 스쳐 지나갔던 것들을 멈춰 서서 주의 깊게 관찰해 보는 것도 좋다. 특히 평소에 차를 타고 지나쳤던 곳을 걸어간다면 전보다 훨씬 더 많은 것을 발견할 수 있다. 물론 집에서 먼 곳일수록 더 좋다.

아래의 수수께끼를 풀어 보자. 흔히 말장난이라고 부른다.

★ '일 분'에 한 번만 나타나고, '한 번'에 두 개씩만 나타나며 '십 초' 안에는 한 번도 나타나지 않는 이것은?

★ 숫자 7이 8보다 앞에 오는 것은 누구나 다 아는 얘기다. 하지만 9, 10도 8 앞에 올 수 있다고 한다. 언제 이것이 가능할까?

★ 영어 단어에서 몇 글자를 더했는데도 더 짧아지는 이 단어는 무엇일까?

★ 타이타닉호의 구명보트에는 몇 명이 탈 수 있을까?

아래 가쿠로Kakuro(크로스 워드와 스도쿠를 혼합한 논리 퍼즐)를 풀어 보자. 십자말 풀이와 비슷한 게임이다. 빈칸에 1부터 9까지의 숫자를 써 넣으면 된다.

단, 연결된 흰 칸의 가로 합은 진한 칸의 빗금 윗부분의 숫자와 같아야 하며, 세로 합은 빗금 아랫부분에 있는 숫자와 같아야 한다. 가로나 세로의 합 모두 중복된 숫자를 사용할 수 없다.

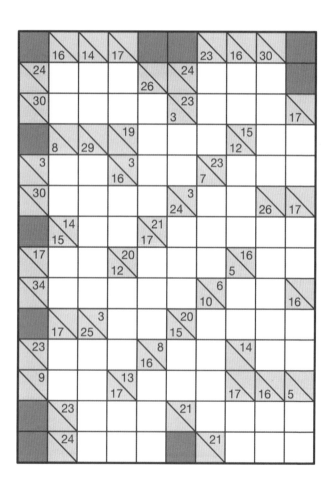

빈칸에 1에서 5까지의 숫자를 채워 보자. 빈칸은 땅을 의미하며 각각의 숫자는 그 땅 위에 세워진 빌딩의 층수를 의미한다.

★ 칸 밖에 적혀 있는 숫자는 그 숫자가 써진 위치에서 땅 쪽을 바라볼 때 보이는 건물의 숫자이다.

★ 높은 빌딩은 그보다 뒤에 있는 낮은 층수의 빌딩을 가린다. 예를 들어 가로로 32451이 있고, 보이는 건물의 수가 '3'으로 주어져 있다면, 우리는 땅의 왼편에 서 있으며 3층, 4층, 5층짜리 건물이 보인다는 말이다. 만약 보이는 건물의 수가 '2'라고 주어져 있다면, 서 있는 위치는 땅의 오른편이며 1층, 5층짜리 건물 2개만 보인다.

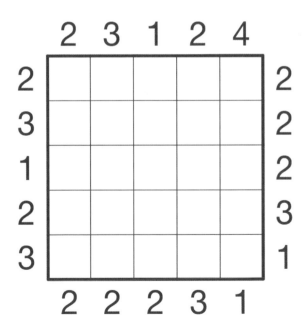

12 집중을 위한 휴식은 필수!

쉬는 시간이 중요하다는 것은 누구나 아는 사실이다. 특히 정해둔 시간보다 더 오래 집중한 후에는 더더욱 그렇다. 오래 쉴 필요는 없지만 긴장을 풀 만큼의 적당한 휴식 시간은 반드시 필요하다.

 왜 그럴까?

따로 휴식 시간을 정해두는 것만으로도 일의 효율을 높일 수 있다. 쉬고 나면 방금까지 했던 일의 과정을 자세히 계획할 수 있고, 집중해서 일을 더 빨리 끝낼 수 있다. 앞장에서 말했듯 기한 전에 일을 끝냈을 때는 자신에게 상을 주는 것도 잊지 말자. 쉴 때는 하던 일과는 전혀 관계없는 일을 하는 것이 좋다. 예를 들어 책을 읽고 있었다면, 밖에 나가서 걷거나 음악을 듣는 게 좋고 컴퓨터로 일하고 있었다면 책을 한 권 꺼내 읽는 것도 좋다.

> **MEMORY**
>
> • 일과 일 사이에 휴식 시간을 가져라.
> • 쉴 때는 일과 아예 관련 없는 일을 한다.
> • 쉬는 시간은 시간 날 때 갖는 것이 아니라 따로 정해야 한다.

 15분 가급적 15분 안에 문제를 풀어 보자!

쉬는 시간에 아래 퍼즐을 풀어 보자.

검은색 별로 표시된 1부터 3까지 순서대로 흰 별로 표시된 숫자까지 이어서 연결한다. 그런 후 펜을 종이에서 떼고 검은색 별로 표시된 숫자를 찾아 다시 동일한 방법으로 연결 짓는다. 계속 하다 보면 겨울을 좋아하는 동물 친구를 만날 수 있다.

위쪽 입구에서 시작해 아래쪽 출구로 빠져나가는 미로를 통과해 보자.

원 안에 있는 철자로 총 몇 개의 단어를 만들어낼 수 있는가? 각 단어는 원 한 가운데 있는 철자(G, K)에 두 개 이상(두개 포함)의 철자를 더해 만든다.

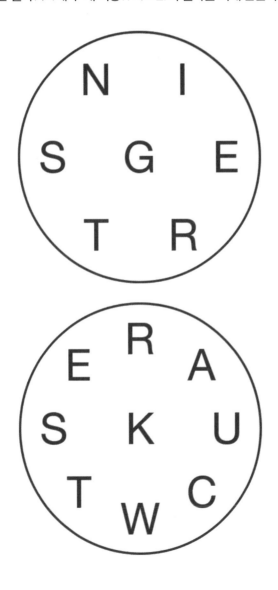

DAY 13 나를 벗어나는 마음 챙김 명상

'마음 챙김Mindfulness'이라고 들어본 적 있는가? 불교 수행 전통에서 기원한 마음 챙김은 현재 순간을 있는 그대로 수용적인 태도로 자각하는 것을 말한다. 호흡에 집중하여 머릿속에 들어오고 나가는 모든 생각을 있는 그대로의 형태로 바라보는 것이다. 마음 챙김 명상을 할 때 나 자신은 순수한 관찰자가 된다.

 왜 그럴까?

실제로 마음 챙김 명상이 스트레스 해소 혹은 이와 비슷한 골치 아픈 일들을 해결해 주는 데 큰 도움이 된다는 후기를 많이 볼 수 있다. 마음 챙김 명상을 하다 보면 마음속에 담아 두었던 부담이나 갈망 같은 부정적 감정에서 조금이나마 자유로워질 수 있다.

MEMORY

- 우리 몸은 자는 시간 외에도 쉬어야 한다.
- 머리를 비우는 습관을 들이자.
- 다양한 방법으로 마음 챙김 명상을 해 보자.

 가급적 20분 안에 문제를 풀어 보자!

마음 챙김 명상법

우선 누구에게도 방해받지 않는 공간에 조용히 앉아 보자. 눈을 감고 자신의 호흡에 집중한 다음, 마음속에 있던 불안감을 천천히 흘려보낸다. 지금 나 자신이 여기에 존재하고 있음을 충분히 느끼면서….

밤에 잠들기 힘들 때 마음 챙김 명상을 하면 도움이 된다. 하루를 끝내고 밀려드는 복잡한 생각이나 내일에 대한 두려움을 떨쳐내기 힘들 때 특히 효과적이다.

아래 주어진 도전 과제들을 하며 머리를 깨끗이 비워 보자. 오로지 퍼즐에만 집중하고, 다른 복잡한 생각은 하지도 말것.

 집중력 강화 훈련 ━━━ **13일 차 : 첫 번째 훈련법**

이번 과제는 명확한 정답과 오답이 없다. 마음 가는 대로 점들을 이어 보는 것이다. 어쩌면 그 안에서 어떤 모양을 발견할 수 있을지도 모른다.

위쪽 입구에서 시작해 아래쪽 출구로 빠져나가는 미로를 통과해 보자.

아래 주어진 숫자에 해당하는 색깔로 컬러링을 완성해 보자.

```
1 1 1 1 1 1 1 1 1 1 1 2 1 1 1 1 1 1 1 1 1 1 1 1 1 2 2 2 2 2
1 1 1 1 1 1 1 1 1 1 1 2 2 2 2 1 1 1 1 1 1 1 1 1 1 2 2 2 2 2
1 1 1 1 1 1 1 1 1 1 2 2 2 2 1 1 1 1 1 2 1 1 1 1 1 2 2 2 2 2
1 1 1 1 1 1 1 1 2 2 2 2 2 2 1 2 2 2 2 2 1 1 1 1 1 2 2 2 2 2
1 1 1 1 1 1 1 1 3 3 2 2 2 2 2 2 2 2 2 1 1 1 1 1 1 1 1 2 2 2
1 1 1 1 1 1 1 1 1 1 3 3 3 3 3 3 3 3 3 1 1 1 1 1 1 1 1 1 1 1
1 1 1 1 1 1 2 2 2 2 2 4 4 4 4 4 4 2 2 2 2 1 1 1 1 1 1 1 1 1
1 1 1 1 1 1 2 2 2 2 4 4 4 4 4 4 4 2 2 2 1 1 1 1 1 1 1 1 1 1
1 1 1 1 1 1 2 2 2 2 4 4 5 5 5 5 4 4 2 2 2 2 1 1 1 1 1 1 1 1
1 1 1 1 1 1 1 3 2 2 4 4 5 5 5 5 4 4 2 2 2 2 2 1 1 1 1 1 1 1
1 1 1 1 1 1 1 3 3 4 4 5 5 5 5 4 4 3 3 2 2 1 1 1 1 1 1 1 1 1
1 1 1 1 1 1 1 3 3 4 4 5 5 5 5 4 4 2 3 2 2 2 1 1 1 1 1 1 1 6
1 1 1 1 1 1 2 2 2 2 4 4 4 4 4 4 2 1 3 1 1 1 1 1 1 1 6 6 6 6
1 1 1 1 1 1 2 2 2 2 2 3 4 4 4 4 4 2 2 2 1 1 1 1 1 6 6 6 6 6
1 1 1 1 1 1 2 2 3 3 1 2 2 2 3 3 2 2 2 1 1 1 1 6 6 6 6 6 6 6
7 7 7 7 7 7 2 2 3 3 7 2 2 2 3 3 2 2 2 7 7 7 7 7 7 7 7 7 7 7
7 7 7 7 7 7 2 2 2 7 2 2 2 3 8 3 2 2 2 7 7 7 7 7 7 7 7 7 7 7
7 7 7 7 7 7 7 7 7 2 2 2 2 3 8 8 3 3 7 7 7 7 7 7 7 7 7 7 7 7
7 7 7 7 7 7 7 7 7 2 2 3 3 8 8 8 7 7 7 7 7 7 7 7 7 7 7 7 7 7
7 7 7 7 7 7 7 7 7 7 7 7 7 8 8 8 7 7 7 7 7 7 7 7 7 7 7 7 7 7
7 7 7 9 9 9 9 7 7 7 7 7 7 8 8 8 7 7 7 7 7 7 9 7 7 7 7 9 9 7
2 2 2 2 9 9 9 9 9 9 9 9 2 2 8 8 8 8 2 2 2 2 9 9 9 9 9 9 2 2
2 2 2 2 2 9 9 9 9 9 9 9 9 9 9 8 8 8 2 2 9 9 9 9 9 2 2 2 2
6 6 6 2 2 2 9 9 9 9 9 9 9 9 9 8 2 8 9 9 9 9 9 6 6 6 2 2 2
6 6 6 6 6 6 9 9 9 9 9 9 9 9 9 9 8 9 9 9 9 6 6 6 6 6 6
6 6 6 6 6 6 6 6 6 6 9 9 9 9 8 9 9 9 9 9 6 6 6 6 6 6 6
6 6 6 6 6 6 6 6 6 6 6 8 8 8 8 9 9 8 6 6 6 6 6 6 6 6 6 6
9 6 6 6 6 6 6 6 6 6 6 6 6 8 8 8 8 8 6 6 6 6 6 6 6 6 6 6 9
9 9 6 6 6 6 6 6 6 6 6 6 6 6 8 8 8 8 6 6 6 6 6 6 6 6 9 9 9 9
9 9 9 6 6 6 0 0 0 0 0 0 0 0 0 0 0 0 0 0 0 0 0 9 9 9 9 9 9 9
9 9 9 9 9 9 0 0 0 0 0 0 0 0 0 0 0 0 0 0 0 0 0 9 9 9 9 9 9 9
9 9 8 8 8 9 9 9 9 5 5 5 5 5 5 5 5 5 5 5 9 9 9 9 9 9 9 9 9 9
9 9 8 8 8 9 9 9 9 5 5 5 5 5 5 5 5 5 5 5 9 9 9 9 9 9 9 9 9 9
8 8 8 8 8 8 9 9 5 5 5 5 5 5 5 5 5 5 5 9 9 9 9 9 9 9 9 8 8 8
8 8 8 8 8 8 9 9 0 0 0 0 0 0 0 0 0 0 0 9 9 8 8 8 8 8 8 8 8
8 8 8 8 8 8 8 8 0 0 0 0 0 0 0 0 0 0 0 0 8 8 8 8 8 8 8 8 8
8 8 8 8 8 8 8 8 0 0 0 0 0 0 0 0 0 0 0 0 8 8 8 8 8 8 8 8 8
8 8 8 8 8 8 8 8 0 0 0 0 0 0 0 0 0 0 0 0 8 8 8 8 8 8 8 8 8
8 8 8 8 8 8 8 8 5 5 5 5 5 5 5 5 5 5 5 8 8 8 8 8 8 8 8 8 8
8 8 8 8 8 8 8 8 8 5 5 5 5 5 5 5 5 5 8 8 8 8 8 8 8 8 8 8 8
```

0=빨강색, 1=하늘색, 2=노란색, 3=진노랑, 4=주황색, 5=진한 빨강, 6=갈색, 7=파란색, 8=진녹색, 9=녹색

잠재된 창의력을 발굴하라

살면서 어떤 문제에 직면할 때, 정해진 해법이 존재하는 문제가 아닌 이상 우리의 뇌는 자동으로 창의력을 발휘한다. 보통 창의력 하면 예술을 떠올리기 쉽다. 이는 주로 예술 활동을 할 때 창의력이 발휘되기 때문이다. 그렇다면 예술이란 도대체 뭘까? 어쩌면 당신이 되고 싶은 그 무언가가 반영된 것일지도 모른다.

 ## 왜 그럴까?

인간의 뇌는 기본적으로 창의력 면에서 매우 뛰어난 능력을 가지고 있다. 단지, 내면에 있는 창의력을 끄집어내지 못할 뿐이다. 누구나 창의력이 있기에 우리 모두 어떤 일이든 충분히 해낼 능력이 있다. 실패를 했든 누군가에게 지적을 받았든 뭔가 할 수 있다는 기분이 든다면 억누르지 말고 시도하자.

MEMORY

- 사실 우리 모두는 창의적인 사람이다.
- 인간은 어떤 문제를 해결할 때 끊임없이 창의력을 발휘한다.
- 창의력을 발휘해 긴장을 풀 수도 있다.

 가급적 15분 안에 문제를 풀어 보자!

66

내면의 창의력을 충분히 발휘할 수 있게 특별히 고안된 과제이다. 당신 안에 내재된 아티스트의 영혼을 불태워보자. 예술의 세계엔 '정답'도 '오답'도 존재하지 않는다.

네 개의 상자 안에 어떤 물건이 담겨 있을까? 숨겨진 물건이 밖으로 드러나도록 상자 안에 물건들을 그려 보자.

모눈종이를 색칠해 '픽셀 그림'을 그려 보자. 모든 빈칸을 색칠할 필요는 없다. 굳이 다양한 색깔을 사용할 필요도 없다. 어떤 모양이든, 흑백이든 컬러든 상관없이 마음 가는 대로 아래의 예시 그림을 보고 완성해 보자.

여러 가지 원이 겹쳐져 만들어진 공간이 있다. 여기에 마음에 드는 패턴이나 디자인으로 채워 보자. 예를 들어 대칭을 사용하거나 밝은 색만 섞어서 칠해도 좋다. 자, 이제 마음대로 칠해 볼까?

판에 박힌 일상에서
벗어나라

해가 지날수록 우리는 나이와 상관없이 대다수 일을 같은 방식으로 처리하려 든다. 이젠 눈을 감고도 할 수 있는 일이 많을 것이다. 나도 모르게 방법을 일일이 기억하지 않고도 해낼 수 있는 일들이 많다. 라면 끓이기나 줄넘기 같은 것들 말이다.

 왜 그럴까?

어떤 일을 어느 정도 반복하면 똑똑한 인간의 뇌는 굳이 신경 쓰지 않고도 척척 해낼 수 있게 자체적으로 기억하고 학습한다. 어찌 보면 인생을 쉽게 살 수 있게 도와주는 셈이다. 그러나 이런 일이 많아지면 일상이 단조로워진다. 나아가 두뇌가 새로운 것을 학습하기를 거부하기 시작한다.

MEMORY

- 하나의 철로 위에서만 달리는 인생은 너무 지루하지 않은가?
- 매일 하고 있는 일의 순서를 바꿔 보자.
- 이제껏 경험하지 못한 일에 도전해 보자.

 20분 가급적 20분 안에 문제를 풀어 보자!

혹시 당신은 매일 쳇바퀴 도는 일상을 반복하고 한정된 공간에서만 생활하고 있는가? 그러는 이유가 '안전' 때문이라면 지금 당장 새로운 것을 시도해 보기 바란다.

매일 같은 장소에만 간다면 다른 곳에도 한번 가보는 것은 어떨까? 항상 가던 쇼핑몰이나 휴가지를 바꿔 봐도 좋고, 당장 오늘 저녁에 동네에 새로 생긴 맛집에 가보는 것도 좋다. 카페에 갔을 때 늘 마시던 커피 대신 신메뉴를 시켜 보자. 새로운 일이 무엇이든 평소에 하던 일과 다르기만 하면 된다.

매일 반복해서 하는 세 가지 일을 적어 보자. 눈을 감고도 할 수 있는 일이면 더 좋다.

  ★ 1: _____

  ★ 2: _____

  ★ 3: _____

이제 어떻게 하면 이 세 가지 일을 평소와는 다른 방법으로 할 수 있을지 생각한 후 아래에 적어 보자.

  ★ 1: _____

  ★ 2: _____

  ★ 3: _____

스도쿠를 약간 변형한 퍼즐이다. 스도쿠 퍼즐과 정반대라고 생각하면 쉽다. 가로나 세로를 보고 중복된 숫자를 색칠해 같은 숫자가 한 번 이상 나타나지 않게 한다. 주의할 점은 색칠된 부분끼리는 대각선을 제외하곤 서로 맞닿아 있을 수 없고 색칠이 안 된 숫자끼리는 가로, 세로, 위, 아래 어느 한 부분이든 반드시 연결되어 있어야 한다는 점이다.

▶1

5	2	4	2	6	2
6	3	6	4	6	1
4	6	2	3	1	5
5	1	5	6	5	3
1	6	6	3	4	2
2	4	3	1	3	6

▶2

7	8	3	7	4	1	6	2
4	6	8	2	5	3	7	3
6	2	7	1	3	8	2	5
2	4	6	4	8	4	1	4
1	8	2	6	3	7	2	3
5	4	1	4	2	2	8	6
1	5	2	7	6	1	4	3
8	3	1	5	6	6	2	7

배틀십Battleships 게임을 해본 사람이라면 규칙을 더 쉽게 이해할 수 있다. 아래는 1인용 배틀십이다. 정해진 규칙에 따라 빈칸에 배를 그려 보자. 옆 칸의 예시를 참고하면 더 쉽게 이해할 수 있다.

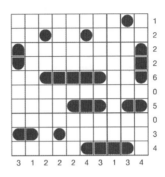

★ 가로, 세로, 대각선 어떤 방향으로든 붙어 있을 수 없다.

★ 가장자리에 있는 숫자는 가로 또는 세로 줄에 배 몸체가 몇 칸 들어 있는지를 나타낸다.

★ 배의 모양은 다음과 같다.

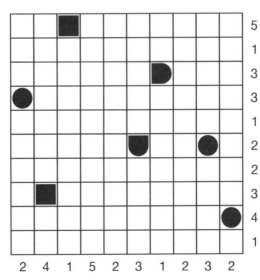

넘어져야 보이는 더 큰 성공의 길

아무리 노력해도 바뀌지 않는 일에 화가 나거나 나 자신이 쓸모없다고 느껴져 속상한 적이 누구나 있을 것이다. 실패는 성공의 어머니라고 한다. 실패에서 배울 점에 주목해 보자. 과거에 사로잡혀 사는 건 현재의 나에게 하나도 이로울 게 없다.

 ## 왜 그럴까?

실패나 실수를 툭툭 털어내고 다시 시작하는 것이 어렵게 느껴질 수 있다. 하지만 우리네 인생은 몇 가지 작은 에피소드로 정의될 만큼 간단하지 않다. 어느 누구도 내 인생을 대신 살아 줄 수 없다. 모든 일은 내가 어떻게 생각하느냐에 따라 결과가 달라진다. 그러니 최대한 긍정적으로 생각하고 좋은 것만 골라서 받아들이자.

MEMORY

- 시간이 갈수록 후회가 쌓이는 건 당연한 일이다.
- 실패는 어떻게 생각하느냐의 문제일 뿐이다.
- 나 자신에게 좋은 것만 골라서 배우자.

 20분 가급적 20분 안에 문제를 풀어 보자!

집중력 강화 훈련

과거에 얽매여 아무 쓸모없는 후회를 반복하는 건 이제 그만두자. 아래의 과제는 그런 생각이 들지 않게 도와준다. 아래 문제를 풀면서 하루의 고단함을 조금이나마 씻어 보자. 정해진 규칙에 맞게 빈칸을 채우고 그림을 완성해 보자.

★ 가장자리에 있는 숫자는 왼쪽에서 오른쪽, 위에서 아래 방향으로 읽는다. 이는 붙어 있는 색칠된 칸들의 수를 뜻한다.

★ 색칠된 칸은 같은 가로 방향 또는 세로 방향 안에서 다른 색칠된 칸과 붙어 있을 수 없다.

	1	2	3	4	5	6	7	8	9	10	11	12	13	14	15
							2								
		1			1	3	1	1	4	1				2	
		1	3	2	2	1	1	1	1	2	2		2	3	6
	5	1	2	2	1	3	1	3	1	1	2	7	2	2	6

행															
4															
2, 1															
1, 1, 1															
7, 2															
2, 2, 3															
1, 3, 1															
3, 2, 1, 1															
1, 1, 1, 2															
2, 1, 1															
1, 1, 2															
3, 1, 1															
2, 3, 1															
8, 3															
1, 1, 2															
4, 1															

이번에는 규칙에 맞게 색을 칠해 숨겨진 모양을 찾아내자. 방식은 지뢰 찾기 게임과 비슷하다. 다만 숫자 칸에도 지뢰가 있을 수 있다는 점이 다르다. 지뢰가 있는 곳에 색을 칠해 보자.

각각의 숫자는 그 숫자가 적힌 칸을 포함해 그 칸을 둘러싼 칸들 중 색칠된 칸의 개수를 뜻한다. 대각선으로 붙어 있어도 된다. 다른 칸 없이 숫자가 써진 그 한 칸만을 뜻하기도 한다. 그러니까 그 자리를 포함한 주위에 있을 수 있는 최대한의 지뢰 개수는 9개가 된다. 색칠을 해도 적힌 숫자는 없어지지 않는다는 점을 기억하자.

	1		3		4	4			1
1	2		4		7	6	5		
2		5		6		5			2
2		5					6	3	2
	3			5	5			3	
	2	4		6			5		3
2			3	4		4	3	3	
3	4		4		4	5			3
	5	6		6	5		4	5	3
1		5		5	4	5	4	4	

'아픈 만큼 성숙해진다'

우리는 종종 일이 잘못된 후에 스스로를 돌이켜 보고 그 선택을 후회하곤한다. 하지만 그 외 별다른 방법도 없다. 이미 엎질러진 물이니까. 다만 한 가지 다행인 것은 그 안에서 교훈을 찾고 그걸 바탕으로 다시 일어설 수 있다는 점이다. 충격적이거나 감정이 북받친 순간을 반복해서 겪다 보면 금세 무뎌진다. 감정이 고조되면 인간의 뇌는 그 순간을 반드시 기억해야 하는 것으로 인식한다. 잊는 편이 더 나은 순간인데도 말이다. 다행인 점은 신경 쓰지 않고 잊으려고 하면 뇌도 점점 그 기억을 지운다는 것이다.

나만의 자서전 쓰기

'역사는 승자의 기록'이라고들 한다. 내가 승자인 나 자신의 역사책에는 어느 누구도 참견할 수 없으니 마음 놓고 자기 자랑을 해 보자. 다른 사람의 의견을 듣고 그 사람들에게서 배울 점을 찾아보는 것도 좋다. 그걸 바탕으로 나를 돌아보는 시간을 갖는다. 모든 것을 긍정적으로 바라보자. 긍정적인 시각은 당신뿐만 아니라 당신의 뇌에도 좋은 영향을 미치기 때문이다.

'내가 원하는 나'로 살다

아무도 나를 대신해 내 인생을 살 수 없다. 가족을 비롯해 남과 적당한 거리를 유지하고 필요할 땐 마음을 넓게 갖는 것이 나 자신에게도 이롭다. 피하거나 대수롭지 않게 넘기는 것은 절대 실수가 아니다. 인생을 좀 더 여유롭고 유연하게 사는 방법 중 하나다. 없는 상황이라면 최소한 유산소 운동이라도 할 수 있게 노력해 보자. 아무것도 하지 않는 것보다 뭐라도 하는 것이 낫다.

DAY
17 인생의 주도권을 타인에게 주지 마라

자신이 진정으로 원하는 것이 무엇인지 자기 외에는 누구도 알지 못한다. 따라서 남의 의견에 귀 기울이는 것도 중요하지만 궁극적으로는 자기 자신의 의견을 충실히 따라야 한다.

 왜 그럴까?

대단하다고 칭송받는 유명인들은 우리보다 정치에 능통하거나 사회 이슈를 많이 알거나 경제가 어떻게 돌아가는지 더 잘 이해할지도 모른다. 하지만 이 세상에서 나를 가장 잘 아는 것은 나뿐이다. 그러니 나에게 직접적으로 영향을 미치는 일은 가급적 자신이 직접 생각하고 결정하는 것이 좋다. 절대 다른 사람에게 결정을 맡기거나 이리저리 휘둘려서는 안 된다.

> **MEMORY**
>
> • 세상에서 나를 제일 잘 아는 건 나 자신이다.
> • 장점은 최대한 살리고 단점도 신경 쓰자.
> • 자기 일은 자기가 스스로 판단한다.

 가급적 20분 안에 문제를 풀어 보자!

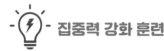

결정하는 연습을 해 보자. 다행히 당신이 내린 결정은 단순히 주어진 문제를 풀 수 있느냐 없느냐의 결과만 있을 뿐이니 크게 걱정하지 않아도 된다.

실선을 따라 직소 퍼즐을 완성시켜 보자. 실선을 따라 어떤 모양을 만드는데, 각각 동일한 4개의 퍼즐 조각이 굵은 선 안에 들어가게 할 수 있는가? 각 퍼즐 조각은 오로지 회전만 가능하며 거울에 비친 모습이나 뒤집은 모습은 들어갈 수 없다.

▶1

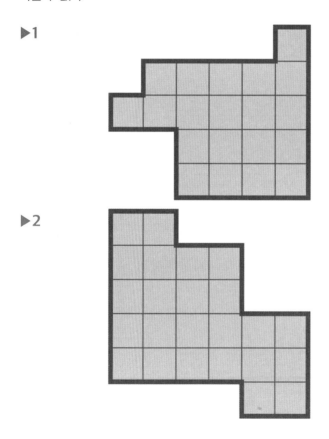

▶2

아래 주어진 두 세트의 단어 사이에 앞 단어와도 이어지고 뒤 단어와도 이어지는 알맞은 단어를 넣어 보자. 세트마다 앞뒤 총 두 개의 단어를 만들 수 있다.

과연 모든 단어를 찾을 수 있을까?

봄 _____ 개비

영업 _____ 제한

강강 _____ 잡기

안전 _____ 대

바른 _____ 기록부

가상 _____ 번호

휴대 _____ 위복

톱니 _____ 벌레

결정, 마음먹은 대로

결정을 내리는 것은 참 어려운 일이다. 주위 사람들에게 다양한 조언을 구하고 나면 결정하기가 좀 더 쉬워질 수도 있겠지만 결국 결정을 해야 하는 사람은 자기 자신이라는 점을 잊어서는 안 된다. 거듭 말하지만 나를 잘 아는 것은 나 자신뿐이다. 결과가 어떻게 되든 타인에게 그 부담을 지우는 행위는 매우 잘못됐다. 특히 생각한 만큼 좋은 결과가 아니거나 그에 상응하는 책임을 져야 하는 일이라면 더욱 내가 결정해야 한다. 인생의 주도권을 타인에게 주지 마라.

장점을 최대한 살려라

잘할 수 있는데도 다른 사람들에게 과소평가 받는 사람이 있다. 자신의 장점을 최대한 살려 남들이 함부로 자신을 무시할 수 없게 해야 한다. 그렇다고 무모한 일에 뛰어들라는 말은 아니다. 그저 지금 내가 잘할 수 있는 일이 무엇인지 알고, 다른 사람의 의견을 이해하려고 노력하면 된다. 여기서 이해한다는 말은 무조건적으로 받아들인다는 의미가 아니다. 남들이 하는 말이 무조건 나에게 해당된다고 생각하지 말자.

지나친 낙관주의는 위험

인생을 즐기려면 긍정적인 태도가 필요하다. 아무리 비관적인 상황이더라도 그 결정을 내릴 때만큼은 긍정적인 결과를 기대한다고 해서 나쁠 건 없다. 긍정적인 시각은 좋다. 누구도 무조건 실패할 일을 하기를 원치 않는다.

하지만 지나친 긍정은 금물이다. 현실적인 상황을 바탕으로 한 긍정적인 시각을 가져야 한다. 헛된 희망에 사로잡혀 말도 안 되는 결정을 해서는 안 된다. 특히 타인에게 영향을 미칠 때는 더더욱 주의해야 한다.

요즘 사람들은 너무 남을 의식한다. 끊임없이 남과 비교하며 자신이 무능하다는 기분을 느끼며 고통받는 사람이 한둘이 아니다. 다른 사람이 나를 어떻게 평가하는지 전전긍긍하기도 하고, 남들이 생각하는 만큼 '괜찮은' 사람이 아닌 게 알려질까 봐 걱정하기도 한다.

 왜 그럴까?

우리는 꽉 찬 지하철 안이나 퇴근 시간의 버스 정류장에서 마주치는 수많은 사람들 중 몇몇은 나를 관찰하거나 판단할지도 모른다고 생각한다. 사실은 그렇지 않다. 각자 자기 일로 바쁘기 때문에 다른 사람에게 특별히 신경 쓸 겨를이 없다. 좀 더 직설적으로 말하면 아무도 당신에게 관심이 없다. 잘 생각해 보면, 다른 사람의 인생도 딱히 당신이 생각하는 것만큼 흥미롭지 않다.

> **MEMORY**
>
> • 남들은 사실 당신에게 큰 관심이 없다.
> • 사람들은 자신감과 성공을 과장하곤 한다.
> • 너무 방어적인 태도를 취하는 것은 좋지 않다.

 20분 가급적 20분 안에 문제를 풀어 보자!

오른쪽에 있는 별 모양을 아래 그림에서 찾아보자. 아무렇지 않게 숨어 있는 것이 의외로 간단하다는 것을 알 수 있다. 별 모양은 같지만 크기나 방향은 다를 수 있다.

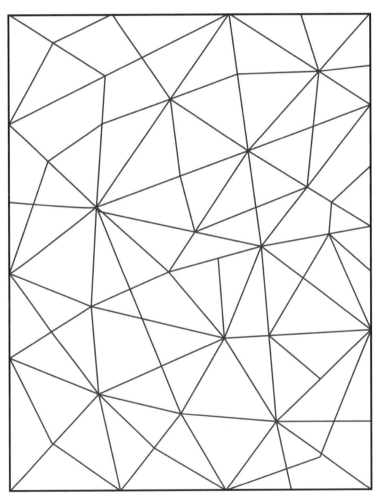

이번에는 주어진 과제를 통해 자신감을 키워 보자.

가로, 세로 모든 방향에 1부터 5까지의 숫자를 중복 없이 채워 보자. 대신 이번엔 부등호에 신경을 써야 한다. 부등호는 언제나 큰 쪽으로 입을 벌리고 있다.

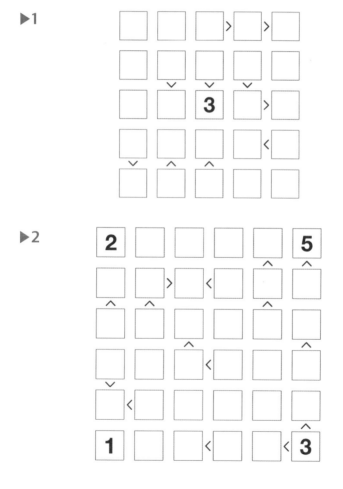

▶1

▶2

오로지 직선을 사용해 모양을 나눈다. 한 공간 안에는 원, 별, 사각형 세 가지 도형이 반드시 하나씩만 들어가 있어야 한다.

▶1

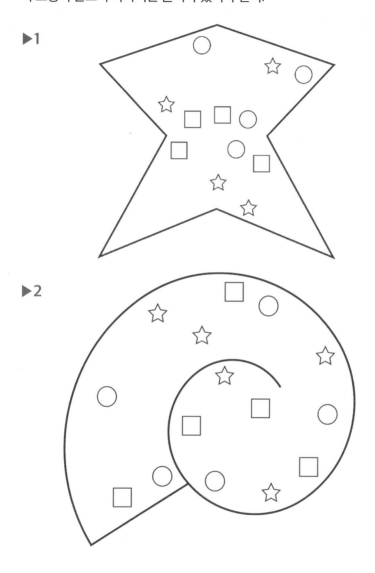

▶2

19 사회성 좋은 뇌의 활약

모든 인간의 뇌는 사회성과 깊은 연관이 있다. 여러 사람들과 부대끼며 살아가야만 하는 우리는 적당한 사회적 교류를 하지 않으면 인생이 더 힘들어진다는 것을 잘 안다.

 왜 그럴까?

다른 사람과 교류할 때 가장 필요한 것은 대화 주제에 관심을 갖고 집중하는 것이다. 원활한 대화와 때에 따라 적절한 반응을 하려면 다른 사람의 말을 잘 들어야 한다. 소통만큼 스트레스 해소에 좋은 것도 없다. 혼자 끙끙 앓기보다 문제를 다른 이들과 나누면 어느새 해답을 손에 쥐고 있을 때가 많다. 그 해답이 상대방이 내게 주었든, 말하는 도중 스스로 깨달았든 간에 말이다. 가족이나 친구와 보내는 시간은 잠시나마 골치 아픈 문제를 잊을 수 있게 한다.

MEMORY

- 사회성은 뇌와도 깊은 연관이 있다.
- 주위 사람들과 잘 지내고 싶은 것은 인간의 본성이다.
- 사람들과의 상호 교류를 통해 생각이 자유로워진다.

 20분 가급적 20분 안에 문제를 풀어 보자!

이번에 풀 문제는 친구나 가족과 함께 머리를 맞대고 풀면 더 쉬울지도 모른다. 그러니 지금 다른 사람과 같이 풀 수 없는 상황이라면, 놔뒀다가 다음에 같이 풀어 보자. 중요한 것은 '함께 문제를 해결한다는 점'이다.

★ 그저께까지만 해도 나는 8살이었다. 하지만 내년에 나는 11살이 된다.

　오늘은 몇 월 며칠일까?

★ 아래 주어진 다섯 단어 중 나머지 네 개와 관련이 없는 한 단어는?

　Triangle, Learning, Altering, Integral, Relating

★ 1부터 100까지의 숫자 안에 '5'는 총 몇 번 등장할까?

★ 5미터 사다리 꼭대기에서 콘크리트 바닥으로 추락했는데 하나도 다치지

　않았다. 어떻게 이게 가능했을까?

★ 오로지 숫자 8,549,176,320에서만 찾아볼 수 있는 한 가지 특별한 점은?

★ 도미니카Dominica, 키리바시Kiribati, 수리남Suriname 이 세 나라의 철자를 보면

　모음과 자음이 교대로 나온다. 이보다 글자 수가 더 많으면서도 같은 규칙

　을 적용할 수 있는 나라 이름은?

★ 아래 문장들의 공통점은?

　다시 합창합시다, 다 가져가다, 다 이심전심이다, 아 좋다 좋아

★ 한 보석상에 두 엄마 그리고 두 딸이 와서 각각 하나씩 목걸이를 사 갔는데,

　이들이 구매한 목걸이의 총 개수는 3개다. 왜일까?

★ 미국에서 석유가 주유소까지 배달되는 데 걸리는 시간은?

중의적 표현을 사용해 아래 주어진 질문에 어울리는 답을 적어 보자. 혼자해도 좋고 친구와 상의해서 적어도 좋다. 정해진 답은 없으니 마음껏 적어 보자.

★ 왜 그 개미핥기가 길을 건넜을까?

_____

★ 문방사우 중 하나인 문진과 말 안장의 차이점은?

_____

★ 외눈박이 거인을 어떻게 부르면 좋을까?

_____

★ 빨강, 노랑, 파랑 페인트가 페인트 통 안에서 만나 무슨 얘기를 나눴을까?

_____

★ 딸기가 회사에서 잘리면?

_____

주어진 초성만 보고 영화 제목을 맞혀 보자.

ㅇㄷㅂㅇ

ㅊㅂㅂㅇ ㅅㅁ

ㅅㅇㅇ ㅊㅇ

ㅌㄱㄱ ㅎㄴㄹㅁ

ㅇㅇ ㄴㅈ

ㅇㄱㅈㅇ ㄱㄴ

ㅂㅎㅅㅌ

ㅂㅈㅇㅇ ㅈㅈ

ㅂㄷㄱㄹ

ㅂㅌ ㅇㅅㅇㄷ

ㄴ ㅁㄹㅅㅇ ㅈㅇㄱ

ㄷㅋㅎ ㅇㅅ

ㄱㅊㅎㄱㄹ

인간의 뇌는 다른 사람과 대화할 때 혼자서 생각할 때와는 다른 방식으로 일을 처리한다. 말하는 도중에 새로운 아이디어를 떠올리게 하거나 근본적인 문제점을 찾는다. 마찬가지로, 상대도 내가 갖고 있는 문제에 대해 새로운 아이디어를 떠올릴 수 있게 도와준다.

 왜 그럴까?

어떤 것을 설명하려고 할 때 우리는 평소와는 다르게 두뇌 회전을 한다. 즉 열심히 설명하는 동안 뇌가 알아서 새로운 아이디어를 생각해 내는 것이다. 누군가에게 설명할 때 머릿속으로 정리를 하다 보면 전에는 인식하지 못했던 문제점을 좀 더 빠르게 찾아낼 수 있다.

MEMORY

- 말하는 방식을 바꾸면 생각지도 못한 친구를 얻을 수 있다.
- 가끔은 모르는 편이 나을 때도 있다.
- 큰 집단에 속해 있다고 반드시 도움이 되는 것은 아니다.

 25분 가급적 25분 안에 문제를 풀어 보자!

다른 사람과 고민 나누기

어떤 분야의 최고 전문가라 해도 고민이 있을 때 가끔은 머릿속으로 생각하기보다는 다른 사람과 의견을 주고받을 때가 낫다. 상대가 새로운 견해를 제공해 줄 수 있고 잘못된 부분을 짚어줄 수도 있기 때문이다. 그런 사람이 바로 당신 곁에도 있다는 사실을 명심하자. 하지만 무리가 클수록 기대했던 것과 반대의 결과를 얻을 수도 있다.

- 속해 있는 집단이 클수록 한 명의 의견이 다수를 대표할 가능성이 크다.
- 큰 집단일수록 그 안에서 정해진 계급이 의견의 균형을 무너뜨리거나 소수의 의견을 묵살할 수 있다.
- 집단이 크면 다수가 동의한 것에 반드시 반대하는 사람이 한 명쯤은 꼭 존재하기 마련이다.
- '사공이 많으면 배가 산으로 간다'는 속담을 기억하자.

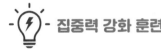 집중력 강화 훈련 ━━ **20일 차 : 첫 번째 훈련법**

요즘 고민하는 문제가 있다면 아래에 간단히 적어 보자.

이 문제에 대해 당신이 지금껏 생각한 부분을 가능하면 혼자 입으로 소리 내어 설명해 보자. 물론 대화할 상대가 있다면 더 좋다. 생각만 했을 때보다 훨씬 정리가 되면서 해결의 실마리가 보일 것이다.

주어진 굵은 선들을 연결해 모든 사각형을 지나가는 하나의 선을 그려 보자. 단, 선은 절대 휘어질 수 없고 수평이나 수직으로만 그릴 수 있다. 이미 주어진 선의 모양을 참고하면 좀 더 쉽다.

▶1

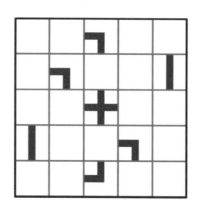

▶2

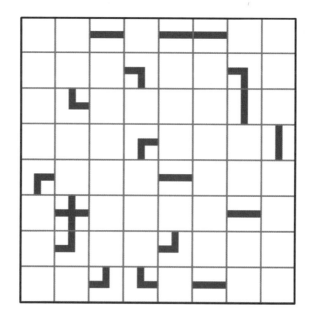

1에서 9까지의 숫자를 가로, 세로 모든 방향과 굵은 선으로 경계가 표시된 3×3 칸에 각각 한 번씩만 나타나게 적어 보자.

표 가장자리에 쓰인 숫자들은 3×3 칸 안에서 가로, 세로 방향에 각각 반드시 들어 있어야 하는 숫자를 뜻한다. 하지만 가장자리 숫자의 순서가 곧 3×3 칸 안의 순서를 의미하는 것은 아니다.

예를 들어 왼쪽 위를 보면 9와 6이 있다. 이는 표의 왼쪽 위에 위치한 3×3 칸 안의 가장 왼쪽 줄 안에 9와 6이 반드시 들어 있다는 얘기다. 밑으로 쭉 내려가면 2가 있는데, 이는 표의 왼쪽 아래에 위치한 3×3 칸 안의 가장 왼쪽 줄 안에 2가 있다는 얘기다.

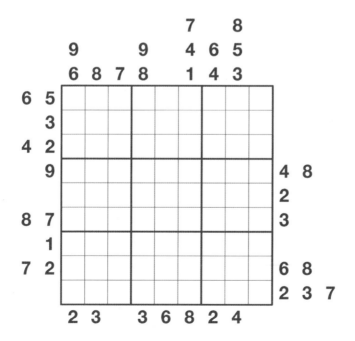

21 남의 생각에 휘둘리지 않는 고도의 집중력

누구나 큰 집단에 들어가면 평소와 다르게 행동한다. 대다수가 어떤 특정 행동을 취하면 말도 안 되는 일임에도 자신도 그렇게 해야 할 것 같은 느낌을 받는다. 많은 사람이 횡단보도에서 빨간불에 다수가 지나가면 그들을 따라 건너간다. 큰 집단에 속해 있다 보면 자신이 이전까지 꽤 확신했던 것조차 자연스레 의심스러워진다.

 ## 왜 그럴까?

대부분은 군중 속에서 다수의 결정을 따른다. 왜 그런 결정을 했는지 그 원인도 모른 채 따라가는 사람이 적지 않다. 인간의 몸은 진화를 거듭한 결과, 본능적으로 집단과 행동을 같이 하는 쪽으로 발달하였다. 하지만 현대 사회에서는 이와 같은 본능적 행동이 항상 도움이 되는 것은 아니다.

MEMORY

- 남이 나보다 더 잘 안다고 섣불리 판단하지 말자.
- 다수라고 무조건 합리적으로 행동하는 것은 아니다.
- 스스로 생각하고 남에게 휘둘리지 말자.

 가급적 12분 안에 문제를 풀어 보자!

두 개씩 짝 지어진 철자 중 하나씩을 지워 과일 이름을 완성시켜 보자. 예를 들어 QP EF GA RD라면 철자를 하나씩 지워 PEAR(배)를 완성한다.

★ OP RT AE NA GB ED

★ PA PA PA LA EP

★ RS DA SA MP SB EA GR RD YS

★ DM AE TN GE OM

★ PR EA AV EC KH

★ AD OP RN UI CT SO TY

★ PR EL UA MT

★ BA PA NP LA UM AM

아래 그림을 잘 관찰하고 같은 것끼리 묶어 보자.
각 쌍의 그림은 나머지 쌍의 그림과 아주 미세한 차이가 있다. 같은 그림이지
만 방향이 다른 그림이 총 세 묶음이 나온다.

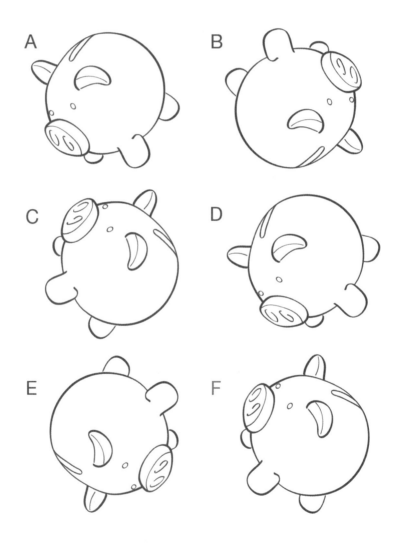

다수가 주는 공포

큰 집단에 속해 있을수록 사람들은 그 집단이 스스로의 정체성과 방향을 잘 안다고 여긴다. 이는 개인을 상대할 때보다 다수를 상대할 때 긴장감과 두려움을 더 느끼기 때문이다. 예를 들면 대중 앞에서 발표할 때처럼 말이다. 사실 이런 감정은 개인이 상대하는 다수에 속한 사람들 또한 느끼는 감정이다. 대부분이 자신의 무지를 들키지 않기 위해 어려운 질문을 피하곤 한다. 아무 말도 하지 않지만 사실 주제에 대해 별로 아는 게 없다는 사실을 숨기고 있다. 따라서 사람이 많다고 해서 긴장할 것은 없다.

다수 앞에서 발표할 때

많은 사람 앞에서 프레젠테이션을 하거나 발표하는 것을 두려워한다면 먼저 작은 그룹에서 시작해 보면 도움이 된다. 친한 친구나 가족 앞에서 연습해 보는 것이다. 관객이 발표 주제를 잘 안다고 해도 발표자보다 잘 알지는 못한다. 그러니 듣는 사람들보다 당신이 더 많이 아는 것처럼 최대한 자연스러운 모습을 보여 준다. 그럼 그들도 자기가 이미 아는 사실조차 처음 듣는 것처럼 듣는다. 더 나아가 그 분야의 전문가 같은 제스처와 말투를 덧붙이면 금상첨화다. 잊어버린 부분이 있어도 당황하지 말고 '내가 모르면 남들도 모를 것이다' 하는 생각으로 자연스럽게 넘어가면 된다.

발표 준비를 꼼꼼히 하는 것도 물론 중요하지만 그렇다고 너무 세세한 부분까지 신경 써 준비하는 것은 좋지 않다. 문장이나 단어 하나하나를 전부 생각해 놓는다면 모든 대사와 흐름을 놓치지 않아야 한다는 압박감에 시달린다. 대사를 보고 읽어도 되는 상황이 아니라면 중요한 부분만 골라 적어 놓는 것이 더 낫다.

22 소셜 미디어에 매몰되지 말 것!

요즘은 사람들이 친구나 가족이 어디서 무엇을 했는지를 소셜 미디어를 통해 아는 시대다. 간단히 클릭하는 것만으로도 그 사람이 어디에 갔다 왔는지, 어떤 것에 관심이 있는지를 쉽게 알 수 있다. 이런 소셜 미디어는 사용하는 것만으로도 여러 사람들과 연결된 유대감을 주기도 하지만 한편으로 상대적 박탈감을 주기도 한다.

 왜 그럴까?

소셜 미디어에 실패한 경험이나 안 좋은 소식을 전하고 싶어 하는 사람은 별로 없다. 인터넷에 올라온 대부분의 게시물은 게시자가 직접 선별한 한 부분에 지나지 않는다. 그러므로 인터넷상의 게시글이 작성자를 완벽하게 대변하지는 않는다.

> **MEMORY**
> - 인터넷상에는 잘못된 정보도 많이 올라온다.
> - 남과 나를 비교하지 말자.
> - 모든 사람이 인터넷에 자기가 뭘 하는지 올리지는 않는다.

 10분 가급적 10분 안에 문제를 풀어 보자!

이번엔 계산 문제를 풀어 보자.

★ 나는 소셜 미디어 계정에서 200명의 친구가 있으며 모든 게시글은 친구의 친구 공개까지 설정되어 있다. 그렇다면 내가 올린 한 개의 게시글은 총 몇 명까지 볼 수 있을까? 내 친구들이 각각 150명의 친구가 있다고 가정하여 계산해 보자.

★ 소셜 미디어에서 1,000명의 사람들을 팔로우했지만 그중 50명만이 나를 팔로우했다. 이때 내가 남을 팔로우해서 팔로워를 얻을 수 있는 확률은?

★ 두 개의 다른 소셜 미디어에 같은 사진을 올려 각각 50%의 팔로워에게만 공개했다. 이때 각각의 소셜 미디어에 있는 팔로워들이 내 게시물을 보는 최대 숫자는? 단, 나는 이 두 개의 사이트에서 각각 100명의 팔로워를 보유하고 있다.

22일 차 : 두 번째 훈련법

주어진 6개의 숫자들 중에서 세 개 이상의 숫자를 더해 아래에 있는 숫자를 만들어 보자.

6 8 11 7 10 4

합계: 20 26 30 34

주어진 그림 6개를 적절히 회전하고 붙여 2×3의 칸 안에 쓰인 알파벳 하나를 완성시켜 보자. 단, 자르거나 구겨선 안 되고 회전만 가능하다.

지리학과 관련된 단어들의 초성이 주어져 있다. 각각 알맞은 자음과 모음을 넣어 단어를 완성해 보자.

ㄷㄷㅎ

ㅂㄷ

ㅌㄷㄹ

ㅅㅂㄴ

ㅂㅎ

ㅌㅇㄱ

ㅍㅅㅍ

ㄹㅇㅅㅅ ㅎㅇ

ㅅㅎ

DAY 23 반복된 사과는 오히려 독이 된다

우리는 실수를 하면 곧바로 사과한다. 특히 부끄러운 실수일 경우엔, 그것이 정말 실수였다는 것을 확실히 하기 위해 여러 번 사과를 반복한다. 심지어 어떤 사람들은 집으로 돌아간 후에도 따로 사과의 메일을 보내기도 한다.

 ## 왜 그럴까?

중요한 회의에 지각을 했다든지, 다른 사람 옷에 음료수를 엎질렀다든지 즉각 알아차릴 수 있는 실수에 대해선 가능한 한 빨리 사과하는 것이 좋다. 일단 진심으로 사과한 후에는 반복하는 것은 피한다. 거듭 사과하는 것이 예의 바르고 염치 있는 행동이라고 생각하지만 다른 사람들에게 실수를 더 오래 각인시킬 뿐이다. 어차피 반복해서 사과해도 사람들은 한 번 듣고 흘려버린다.

> **MEMORY**
> - 자신의 단점을 잘 아는 사람은 자기밖에 없다.
> - 실수했다면 사과하고 앞으로 나아가자.
> - 내가 잘못한 사실을 남들에게 상기시키지 않는다.

 가급적 15분 안에 문제를 풀어 보자!

 집중력 강화 훈련

23일 차 : 첫 번째 훈련법

주어진 과녁에 각각 네 개의 숫자가 쓰인 총 세 개의 원이 있다. 각각의 원에서 숫자 하나씩을 골라 더하여 과녁 밑에 있는 숫자를 완성해 보자.

예를 들어 49를 만들고 싶다면 첫 번째로 제일 안에 있는 원에서 15, 두 번째 원에서 22, 마지막으로 가장 바깥쪽의 세 번째 원에서 12를 골라 더하면 된다.

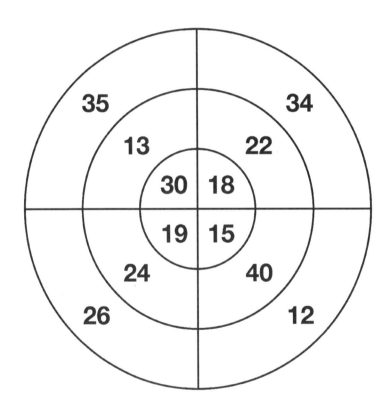

합계 : 58, 70, 80

주어진 숫자와 연산 부호의 위치를 적절히 배열해 목표 숫자를 완성해 보자. 단, 주어진 숫자나 부호는 하나도 빠짐없이 모두 사용해야 한다.

괄호는 언제든지 사용해도 좋다. 예를 들어 3, 4, 5, +, ×를 사용해 35를 만들고 싶다면 다음과 같이 괄호를 활용할 수 있다.
(3+4)×5=35

▶1

$$3 \quad 5 \quad 8 \quad 10$$

$$+ \quad × \quad ÷$$

목표 숫자 = 19

▶2

$$4 \quad 6 \quad 7 \quad 10 \quad 50$$

$$+ \quad + \quad - \quad ×$$

목표 숫자 = 173

잘못 지적하기

사람들은 남보다 자신의 실수에 더 신경을 쓴다. 대부분은 자신만의 세계에 갇혀 남들이 어떤 실수를 저지르든 크게 상관하지 않는다. 또한 자기가 실수를 저질렀을 때 남들이 알아차리지 못하길 바란다. 그러니 굳이 내 실수를 콕 집어 남에게 알리지 말자. 물론 잘못을 지적하는 것은 어떤 상황에서는 꼭 필요할지도 모른다. 하지만 대부분의 상황에서는 그렇지 않으므로 유연하게 행동하는 것이 좋다.

지나친 사과

솔직히 사과를 많이 해서 얻을 수 있는 것은 무엇일까? 내 잘못을 계속 얘기해 상대방이 기억하게 만드는 것 말고는 별다른 좋은 점이 없다. 사과는 제대로 딱 한 번만 하자.

회의에 지각해 사과하는 장면을 상상해 보자. 심각하게 늦어 모두가 잊지 못할 정도로 큰 실수를 한 것이 아니라면 회의가 끝날 때쯤엔 내가 지각했다는 사실을 모두가 까맣게 잊었을 것이다. 하지만 예의를 차린답시고 회의실에서 나갈 때 한 번 더 사과를 한다면 다시 한 번 상기시킬 뿐이다. "진심으로 사과하되 반복하지 말자." 이는 반드시 지켜야 하는 것은 아니지만 지나치게 많은 사과를 통해 얻을 수 있는 것은 없다.

앞에서 말한 진심을 담은 사과는 지나친 사과와는 다르다. 사과를 할 때는 그냥 미안하다고 말한 뒤 하던 일을 계속하면 된다. 사과랍시고 큰 소란을 피울 필요도, 앞으로 어떻게 실수를 반복하지 않을지 계획을 말하는 것도, 지나치게 감상적일 필요도 없다. 이런 식의 사과는 사과를 받는 대상 이외의 사람들의 이목만 끌 뿐이며 실수를 더 오래 각인시킬 뿐이다.

성공한 경험으로 힘차게 전진하라

무모한 행동은 가끔 용감함과 대담함이라는 이름으로 보기 좋게 포장되곤 한다. 실제로는 바보 같은 행동일지라도 말이다. 반대로 신중히 내린 결정은 합리적이라기보다는 소심한 선택으로 비춰지기 십상이다.

 ### 왜 그럴까?

무모한 행동을 생각할 때 어쩌면 부끄러움도 모르고 역량도 부족한 몇몇 유명 정치인이 떠오를지도 모른다. 그들은 도대체 어떻게 그런 정치적 힘을 가질 수 있었을까? 그 비결은 바로 스스로 결정하는 능력이다. 의도적이든 아니든 그런 정치인들이 내린 결정은 그들의 실제 성격이나 정치적 방향을 판단하는 기준이 된다. 우리는 어떤 사람을 판단할 때 그 사람 성격의 한 부분을 전체라고 믿어 버리는 경향이 있다.

MEMORY

- 여러 번의 실패보다 한 번의 성공이 더 기억에 남는다.
- 위험을 감수하고 어떤 일에 도전하는 사람은 그 자체로 충분히 멋있다.
- 반면에 너무 조심스럽고 신중한 사람은 어딘가 유약해 보인다.

 가급적 12분 안에 문제를 풀어 보자!

 집중력 강화 훈련 ──

아래 주어진 단어들의 공통점을 찾아보자.

★ 해, 삼지창, 별, 단풍잎

★ 아스팔트, 바셀린, 신용카드, 핸드폰

★ 귤, 포도, 양말, 사이비

★ 펭귄, 경찰차, 버스, 소시지, 애벌레

★ 정동진, 호미곶, 간절곶

★ 자본, 보안, 신뢰, 미래

★ 산호, 북(北), 홍(紅), 로스(Ross)

★ 곡성, 변산, 칠곡, 태백

★ 승만, 보선, 정희, 규하

벽돌에 알맞은 숫자를 채워 넣어 피라미드를 완성시켜 보자. 나란히 붙어 있는 두 개의 벽돌에 쓰인 숫자의 합이 바로 위에 위치한 벽돌에 쓰인 숫자이다. 이미 주어진 숫자가 만들어질 수 있도록 적절한 위치에 숫자를 써 넣어 보자. 예를 들어 첫 번째 그림에서 17 벽돌 밑에 11 벽돌이 있으므로 11 옆은 6이 된다.

▶1

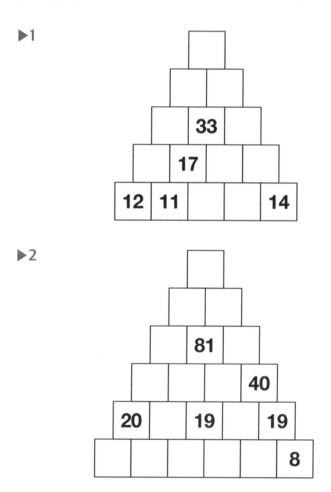

▶2

나를 가로막는 것은 언제나 나 자신

성공한 사업가의 특징은 뛰어난 위험 감수 능력이다. 그들은 아무리 무모한 일이라도 가능성이 보이면 뛰어들 용기를 가지고 있다. 그리고 투자자들의 돈을 좀 잃더라도 언제든 다시 벌어들일 수 있는 것처럼 보이기도 한다. 이런 사람들의 성공담은 실패담보다 더 주목받곤 한다. 그러니 성공만 자랑하는 사람을 만난다면 부러워하지 말고 그 사람이 인정받고 싶어 하는 만큼 많은 실패를 했다는 사실을 기억하자.

무리하게 도전하는 것이 언제나 합리적인 선택이라고 말하는 것은 아니다. 살면서 가끔은 남들 하는 대로 행동하는 편이 나을 때도 있다. 일단 계획하는 일의 위험성이나 과거에 비슷한 일들의 실패 사례는 자신만 알고 있자. 경쟁 상대는 심리전에서 이기려고 당신이 계획한 일의 결점을 지적하지 않을 수도 있다. 일의 효율성을 올리는 방법도 비슷하다. 성과에만 집중하고 다음에 할 일을 항상 염두에 두자. 이제껏 해놓은 일을 전부 뒤엎어야 하는 조언을 받을까 봐 두려워하지 말자. 현재에 갇혀 있는 것보다 내 앞을 가로막는 더 큰 장애물은 없다.

쉽게 얻을 수 있는 것은 없다

누구나 인생을 쉽게 사는 방법에 솔깃해한다. 인간의 심리가 다 그렇다. 대표적인 예로 어떤 물만 마시면 디톡스 효과를 볼 수 있다고 하는 것을 들 수 있다. 화장품이나 건강 관련 식품 회사들은 이런 심리를 이용해 꽤 그럴듯하지만 사실 과학적 근거가 전혀 없는 광고로 소비자를 현혹한다. 이는 꽤 강력해서 실제로 효과를 보지 못했어도 본 것 같은 기분을 들게 해 입소문으로 더 많은 사람들을 끌어들인다. 누구나 자신의 선택을 확신하고, 다른 것은 틀렸다고 생각해 아예 배제해 버리는 경향이 누구에게나 있기 때문이다.

DAY
25 원활한 인간관계가 집중력의 기본!

인간이 사회적 동물이긴 하나 여러 사람과 교류하는 것은 꽤 힘든 일이다. 특히 친할수록 더 그렇다. 세상엔 정말 다양한 군상이 존재함에도 불구하고 우리는 이미 알고 있는 것을 바탕으로 남을 쉽게 판단해 버리는 경향이 있다. 모두가 나와 생각이 같고, 같은 경험을 하지는 않았다는 사실을 기억해야 한다.

 왜 그럴까?

익숙함에 속아 소중함을 잊지 말라는 말이 있다. 사람은 상대가 친숙할수록 신경을 조금 덜 쓰기 쉽다. 화가 났을 때 상대가 먼저 다가와 풀어주길 기대하지 말자. 기대가 클수록 실망은 더 큰 법이다.

MEMORY

- 우리는 항상 원하는 바를 말하지도, 정확하게 듣지도 않는다.
- 대화를 하다 보면 동문서답을 할 때가 있다.
- 언제나 남이 먼저 다가오길 바라면 안 된다.

 가급적 20분 안에 문제를 풀어 보자!

점선으로 된 빈칸에 알맞은 방향의 화살표를 그려 보자. 각각의 화살표는 오로지 위, 아래, 왼쪽, 오른쪽 방향의 직선 혹은 사선 방향만 가리킬 수 있다. 각각의 숫자는 그 숫자를 가리키는 화살표의 수를 의미한다.

▶1

2	4	2
6	2	5
2	3	0

▶2

2	3	8	4
1	3	4	5
3	1	4	3
2	2	3	2

빈칸을 지나는 선을 그려 보자. 선은 반드시 수평이나 수직 방향으로만 갈 수 있고 같은 칸을 한 번 이상 지나갈 수 없다. 선끼리 겹칠 수도 없다.

숫자는 그 숫자가 쓰인 칸을 둘러싸고 몇 개의 칸 위로 선이 지나가는지를 나타낸다. 지뢰 찾기와 비슷하다고 생각하면 된다. 마찬가지로 대각선으로 맞붙은 칸도 포함한다.

▶1

3			5		
	7		7		
3			3		

▶2

	3		4			2	
					3		
4		6				2	
			7				
				7			
	7						
						3	

힘든 인간관계

앞에서 우리는 어떻게 하면 성공한 경험만 기억하고 실패를 잊을 수 있는지를 배웠다. 하지만 인간관계에서는 이와 반대다. 직면한 문제와 실패에 초점을 맞추고 다른 사람과 보낸 좋았던 시간은 잊어버리기 일쑤다.

생각보다 심각하게 관계가 나빠지는 경우가 있는데 이 문제는 반드시 처리해야 한다. 일상에서 생기는 의견 충돌은 대부분 상대의 말을 오해하는 데서 비롯되므로 관계를 바로잡을 수 있는 가능성이 있다. 조심성 없이 내린 경솔한 결정은 쉽게 고의성을 의심받는다. 이미 엎질러진 물은 다시 주워 담기 힘들다는 말이 있듯이 결정을 내릴 땐 신중히 해야 한다. 대화할 때도 마찬가지다. 분명 같은 주제를 말하고 있지만 두 사람의 의견이 정반대인 것을 모른 채 대화할 때가 있다. 그러다 보면 결국 상대방의 의견에 반감을 갖게 되고 서로 자신의 주장만 반복하다 끝이 난다.

잘못된 의사소통

가끔 상대방의 말을 잘못 이해할 때가 있다. 하지만 말 자체를 잘못 이해하는 것보다 더 조심해야 할 것은 바로 잘못된 의사소통 방식이다. 어떤 사람들은 우정의 증표로 반드시 선물을 주고받아야 한다고 생각한다. 상대방은 그렇게 생각하지 않더라도 그걸 고집한다. 사실 인간은 타인과 같이 보내는 시간의 정도에 따라 사람을 대하는 태도가 자기도 모르게 달라진다. 내가 얼마나 많은 도움을 받았든 그 사람을 얼마나 존경하든 중요한 것은 실제로 얼마나 많은 시간을 같이 보내는지에 달렸다.

추측하고 시도해 보는 습관의 중요성

아기들은 넘어지는 것을 두려워하지 않는다. 뒤뚱뒤뚱 걷다가 넘어지기를 수없이 반복한 후 결국 걷게 된다. 그러나 성장하면서 우리는 실패할지도 모른다는 두려움과 불안에 휩싸여 점점 새로운 것을 시도조차 하지 않는다. 노년이 되었을 때야 비로소 새로운 것을 배우기에 너무 늦었다는 것을 깨닫곤 한다.

 왜 그럴까?

당장 하는 일이 눈 감고도 끝낼 수 있는 일이라면, 한 번에 하려고 하지 말고 잠깐 쉬어 가는 것도 좋다. 쉬면서 매일 정해진 양의 간단한 두뇌 회전 문제를 풀어 보자. 간단한 변화지만 이 잠깐 동안에 우리 뇌는 비슷한 패턴을 찾거나 판단을 내리는 방법을 빠르게 습득할 수 있다.

> **MEMORY**
>
> • 인간은 경험을 통해 새로운 것을 배운다.
> • 실패에 대한 두려움은 도전을 막는다.
> • 모든 일은 해 보기 전엔 모른다.

 가급적 25분 안에 문제를 풀어 보자!

미로 찾기만큼 추측하는 연습에 도움이 되는 퍼즐도 없다. 아래 주어진 원형의 미로를 통과해 보자.

방법은 간단하다. 제일 위쪽에 있는 미로의 입구에서 제일 아래에 있는 출구까지 가는 길을 찾으면 된다.

다음은 '숫자 연결하기'다. 같은 숫자끼리 평행이나 수직의 직선을 그어 연결하되 선끼리 겹쳐지면 안 된다. 하나의 빈칸 위에는 단 하나의 선만 지나갈 수 있다.

▶1

1	2				
		3			1
4					
				5	
		3		2	
			4	5	

▶2

			1					
	2						3	
			4					
	5							
				6	7		8	
								4
						7		
							1	8
		5		2			6	
					3			

주어진 퍼즐을 풀어 숨겨진 뱀을 찾아내자.

★ 가장자리에 쓰인 숫자는 각각 가로, 세로 방향의 빈칸 위에 뱀의 몸통이 총 몇 개 걸쳐져 있는지를 나타낸다.

★ 뱀은 끊겨 있지 않으며 겹쳐져 있지도 않다(단, 코너에서 사선으로 마주치는 것은 괜찮다). 오른쪽 예시를 참고하면 이해하기 쉽다.

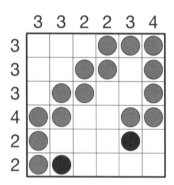

★ 뱀의 시작과 끝은 검은색 원으로 이미 주어져 있다.

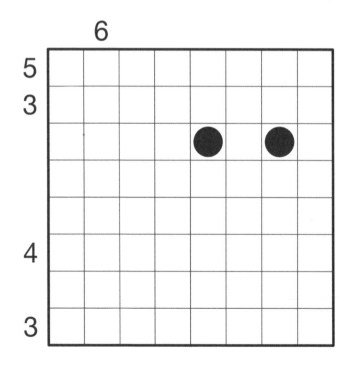

3×3칸 안에 다음의 규칙에 따라 숫자 1부터 9까지를 각각 한 번씩 써넣어 보자.

★ 사이에 흰색 점이 있는 두 숫자는 연속되는 관계가 있다.
  예를 들어 2와 3, 7과 8이 있다.
★ 사이에 검은색 점이 있는 두 숫자는 두 배의 관계가 있다.
  예를 들어 2와 4, 3과 6이 있다.
★ 사이에 아무 점도 없는 두 숫자는 연속되지도 않으며 두 배의 관계도 아니다.
★ 단, 1과 2가 붙어 있는 경우, 사이에 검은색 점이나 흰색 점 둘 중 하나는 반 드시 존재한다.

▶1   ▶2

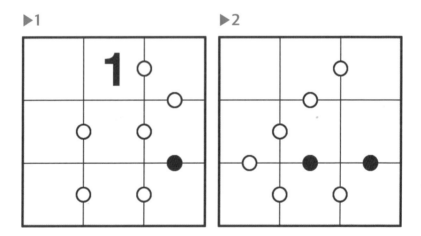

'추측'은 좋은 전략이다

'추측하기'는 어떤 일을 시작할 때나 문제에 직면했을 때 최대한 잘 헤쳐 나갈 수 있게 하는 매우 좋은 전략이다. '추측'이라고 하니 쉽게 실행하기 어렵겠지만 일단 시도라도 하는 것이 아무것도 안 하는 것보다 낫다. 막연하게 느껴지더라도 한번 시도해 보자.

무력감을 이기는 가장 좋은 방법은 일단 시작하고 보는 것이다. 처음에 생각했던 대로 일이 풀리지 않아도 낙담할 것 없다. 결국은 그 안에서 새로운 것을 배웠다는 증거니까. 왜 일이 내 마음대로 풀리지 않는지를 이해하려고 노력하다 보면 그 일을 전반적으로 간파할 수 있게 된다. 어려운 일이라고 앉아서 어쩔 줄 몰라 하며 머리만 쥐어뜯고 있는 것보다 직접 시도해 보고 실패도 해 봐야 더 빨리 배울 수 있다.

퍼즐에 활용하기

추측하기는 퍼즐에도 적용해 볼 수 있다. 초고난도 퍼즐은 겉보기엔 풀기 어려워 보이지만 '추측'이라는 방법을 잘 활용하면 쉽게 풀 수 있다. 각 퍼즐의 규칙에 맞게 추측하는 방법을 생각하는 것은 설명이나 지시를 잘 이해할 수 있게 하고 어떤 일이 해결되는 원리를 알 수 있게 해 준다. 조금 서툴러서 이 정도까지는 아니더라도 괜찮다. 적어도 문제를 푸는 시도를 했고 그 문제의 구조를 조금이라도 이해했으니 말이다.

항상 처음부터 추측이 맞아 떨어지지는 않는다. 그럴 땐 될 때까지 다양하게 생각해 보자. 교착 상태에 빠졌다면 잠시 생각을 멈추고 퍼즐 자체에서 어떤 부분의 추측이 잘못 되었는지를 되짚어 생각해 보자. 어쩌면 원래 했던 추측에서 아주 조금만 수정하면 정답을 찾아낼 수 있을지도 모른다.

27 뇌의 본능적인 판단을 의심하라

우리는 절대 마음대로 몸을 조종할 수 없다. 예를 들어 숨을 아무리 오래 참아도 결국은 다시 숨을 쉴 수밖에 없다. 밥을 아무리 적당히 먹었다고 해도 갑자기 생기는 식욕을 억제하기 힘들다. 그리고 어딘가 아픈 곳이 있을 때 마음대로 아픔을 멈출 수도 없다.

 왜 그럴까?

인간의 뇌는 오래전 원시적인 상태에서 환경에 맞게 진화해 오면서 최신 구조로 구성되었다. 인간의 모든 지적, 정신적, 신체적 활동을 총괄하는 것이 뇌이다. 예를 들면 몸의 각 부분을 움직이고자 할 때 먼저 뇌에서 손의 움직임을 위한 명령을 내리는 것이다. 이렇게 몸을 움직이는 것 말고도 배고픔이나 목마름, 고통과 같은 것들을 느끼게도 한다.

MEMORY

- 뇌는 여러 층으로 이루어져 있어 과거의 기억을 되살릴 수 있다.
- 뇌는 완전 제어가 불가능하다.
- 우리 몸의 중요 반응은 거의 다 자동반사이다.

 가급적 10분 안에 문제를 풀어 보자!

 집중력 강화 훈련 ─────

아래 착시 그림을 보고 자동으로 반응이 오는지 보자. 첫 번째 그림에서 사각형을 통과하는 막대는 오른쪽 다섯 개 막대 중 몇 번째일까?

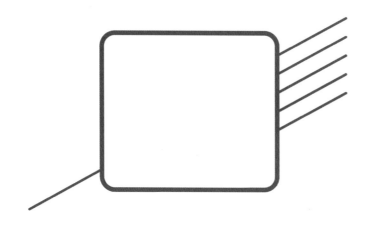

27일 차 : 두 번째 훈련법

두 개의 굵은 선은 직선일까? 아니면 곡선일까?

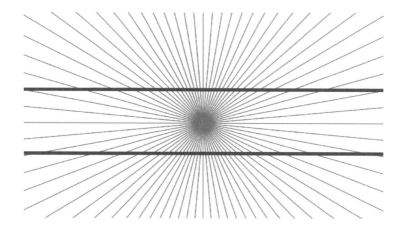

아래 그림을 채우고 있는 것은 점선일까 흰 원일까?

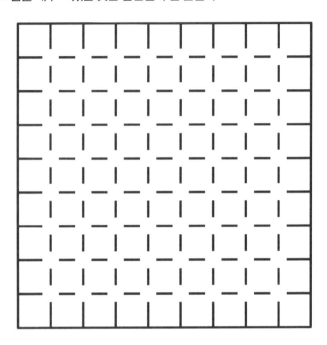

세 개의 서로 다른 원의 일부가 나와 있다. 나머지 부분을 머릿속으로 그려 보고
과연 세 원의 크기가 같은지 알아보자.

뇌의 본능적인 반응

동물들처럼 갑자기 발생한 위험 상황이나 당혹스러운 상황에서 몸이 얼어붙는 것 같은 반응은 현대 사회에서 우리에게 그다지 필요하지 않은 능력이다. 길 한가운데 빠른 속도로 다가오는 차를 마주 보고 서 있다고 해 보자. 몸이 굳어 버린다면 어떻게 되겠는가. 또한 앞에서 말했듯이 다수의 행동을 따라 하는 본능은 혼자서 충분히 올바른 결정을 내릴 수 있는 상황에서 바보 같은 결정을 내리게 만들 수 있다.

뇌도 가끔은 이상한 반응을 보일 때가 있다. 조금 있다가 밥을 먹을 것인데도 먹을 수 있을 때 먹어 놓자는 생각을 하는 것이 그 예다. 이런 반응은 먹을 것을 제때 구하지 못해 어려움을 겪었던 원시시대에 생긴 본능이다.

이와 비슷하게 세일할 때 물건을 잔뜩 쌓아 놓는 행동도 있다. 가격이 저렴할 때나 매진이 되기 전에 사야 할 것만 같은 조급함 때문에 정말 그 물건이 필요한지 생각해 볼 틈도 주지 않고 곧바로 결정을 내리게 한다.

나의 판단을 의심하라

나이가 들면 경험이 축적되어 실수를 반복하지 않고 좀 더 합리적으로 결정하게 된다. 한번 내렸던 결정을 다시 돌아보고 그것이 틀렸다는 것을 깨닫는 일은 매우 중요하다. 직감으로 내린 결정이라면 왜 본능이 그런 잘못된 결정을 내리게 했을까를 생각해 본다. 앞으로는 유사하게 잘못된 결정을 내리는 일을 피할 수 있다.

뇌가 우리 몸의 일부분이라지만, 뇌에서 무슨 일이 일어나고 있는지 잘 아는 사람은 아무도 없다. 방금 막 입 밖으로 내뱉은 단어는 도대체 어디에서 온 것일까? 그저 마법처럼 머릿속에 갑자기 나타났다가 입으로 튀어나온 것일까? 그런가 하면 요리를 하면서 스마트폰을 보는 것은 또 어떻게 가능한 걸까?

 ## 왜 그럴까?

방금까지만 해도 머리 아팠던 문제의 해답이 갑자기 떠오른 경험이 있는가? 그런 경험은 무의식에서 비롯된다. 사람은 한 번에 한 가지 일만 생각할 수 있다. 특히 잠을 잘 때, 뇌는 지나간 하루에 있었던 일을 정리하고 품고 있는 문제에 대한 새로운 해결책을 찾는 등 주기적으로 활동한다.

MEMORY

- 자신이 무슨 생각을 하는지 완벽하게 아는 사람은 없다.
- 숙면 중에도 뇌는 생각을 멈추지 않는다.
- 한 가지 주제를 다른 형태로 표현하는 것은 생각을 확장시킨다.

 15분 가급적 15분 안에 문제를 풀어 보자!

 집중력 강화 훈련

28일 차 : 첫 번째 훈련법

아래 주어진 문제를 풀어 보자. 만약 막히는 부분이 있다면 자고 내일 다시 풀어도 좋고, 아니면 몇 시간 낮잠을 잔 후에 풀어도 좋다. 그리고 다시 풀 때에는 처음보다 발전이 있는지도 잘 생각해 보자.

최대 몇 개까지 올림픽 개최지를 적을 수 있는가? 아래 연도에 맞게 빈칸에 알맞은 도시 이름을 적어 보자.

★ 1992: _____

★ 1996: _____

★ 2000: _____

★ 2004: _____

★ 2008: _____

★ 2012: _____

★ 2016: _____

대한민국 역대 대통령 이름을 최대 몇 명까지 적을 수 있는가? 아래 연도에 맞게 빈칸에 알맞은 이름을 적어 보자.

★ 1948~1960: _____

★ 1960~1962: _____

★ 1963~1979: _____

★ 1979~1980: _____

★ 1980~1988: _____

★ 1988~1993: _____

★ 1993~1998: _____

★ 1998~2003: _____

절차 기억

한 가지 행동을 자꾸 반복하면 그 일은 어느 정도 자동적으로 처리되게끔 변한다. 이를 '절차 기억'이라고도 부른다. 수영하기, 자전거 타기, 운전하기 같은 일들이 이에 해당된다. 자동차 운전대를 막 잡았을 때에는 주변을 잘 살피고 손과 발의 움직임에 집중해야 하지만, 시간이 지나면 곧 익숙해진다. 항상 가던 길을 운전해서 가다 보면 자동 주행 모드를 실행한 것은 아닌지 의심이 될 정도로 수월하게 운전한다.

이렇게 습득한 신체 능력은 일상생활에 매우 큰 도움을 준다. 겉보기엔 쉬워 보이지만 사실 집중하지 않고도 뇌가 알아서 일을 할 수 있다는 것은 꽤 고급에 해당하는 매우 놀라운 능력이다. 몇몇 과학자들은 인간의 뇌가 계속 인식하지 않고도 어떤 일을 해낼 수 있도록 하는 정해진 생각의 틀을 가지고 있다고 설명한다.

자는 동안 뇌에서 일어나는 일

잠을 자는 것은 의식적으로 생각하던 것을 잠시 쉬는 행동이다. 동시에 무의식적인 사고가 바쁘게 돌아가는 시간이다. 하루 종일 있었던 일을 돌이켜보거나 기억을 저장하고 새로이 경험했던 모든 것을 이해하는 일을 한다. 특히 잠을 방해하지 않는 선에서 기억해야 할 중요한 일들을 잘 저장하는 역할도 한다.

잠에서 깨고 난 직후에 갑자기 새로운 아이디어가 떠오른다거나 즉흥적인 결정을 내리는 것은 바로 숙면을 취하는 동안 무의식중에 당신의 뇌가 일을 했다는 증거다. '자고 내일 일어나서 다시 생각해 봐'라는 말은 단순히 시간을 가지라는 말이 아니다. 적절한 수면은 뇌를 더 효율적으로 일하게 만든다.

우연은 우연일 뿐, 패턴에 의지하지 마라

인간의 뇌는 패턴을 찾는 데 뛰어나다. 어떤 일이 일어나는지 파악하거나 새로운 일을 하려고 할 때, 뇌는 동시에 혹은 연이어 나타나는 점들을 빠르게 찾아낸다. 하지만 패턴이 아예 존재하지 않을 때도 뇌는 일정한 패턴을 찾기 위해 분주히 일한다.

 왜 그럴까?

무엇이든 패턴을 찾으면 더 빠르고 정확한 정보를 얻을 수 있다. 순식간에 사람 얼굴을 알아본다든가, 하늘에서 번개가 번쩍인 뒤 천둥이 친다든지 하는 것들은 전부 뇌가 패턴을 찾을 수 있어서 가능하다. 하지만 정작 패턴이 없는 상황에서도 뇌가 알아서 패턴을 찾으려고 하는 것 때문에 낭패를 보는 일도 적지 않다.

MEMORY

- 우연의 일치는 생각보다 자주 일어난다.
- 뇌는 반복되는 패턴이 없는 곳에서조차 패턴을 찾으려는 경향이 있다.
- 성급하게 내린 결론은 잘못될 가능성이 높다.

 12분 가급적 12분 안에 문제를 풀어 보자!

분명 처음 들었는데도 알 것만 같은 줄임말들을 본 적이 있는가? '아점'이나 '초딩' 같은 것들 말이다. 이제 당신만의 줄임말을 만들어 보자.

아래 주어진 줄임말을 보고 내 마음대로 뜻을 해석해 보자. 정해진 답에 구애받지 말고 마음껏 상상의 나래를 펼쳐 보자.

★ J M T

★ 생선

★ 버정

★ 이생망

★ 할많하않

★ 갑분싸

★ 별다줄

★ 아불대

129

아래 나열된 문장 안에서 스포츠 종목을 찾아보자.

★ I put the bad mint on the table—
  I did not like it!

★ The Delphi king sat upon his throne.

★ I always think about the dress age
  when getting ready to go out.

★ The guy from Dakar ate only fish
  and chips.

★ This nook erases all hint of light.

★ The retro deodorant smelled strange.

★ He took the drug by oral application.

130

우연은 우연일 뿐이다

'어떤 친구를 생각하고 있었는데, 갑자기 그 친구에게서 연락이 왔다', '어떤 장소에 대해 얘기를 나누고 있었는데 라디오에서 그 장소에 대한 소개가 흘러나왔다', '강의실에서 처음 만난 친구의 생일이 알고 보니 나와 같았다' 이와 같은 우연의 일치는 너무 인상적인 나머지 우리의 뇌는 분명히 큰 의미가 있다고 생각하고 중요한 것으로 분류한다. 하지만 우리는 그것이 그저 우연에 불과하다는 것을 잘 안다. 대개의 경우 친구 철수를 생각할 때, 마침 철수가 당신에게 연락할 가능성은 매우 낮다. 그렇다면 도대체 왜 예전에도 종종 있었던 철수의 연락보다도 단 한 번의 우연의 일치에 큰 의미를 두는 걸까? 이외에도 우리는 너무 많은 우연을 중요시 여기는 경향이 있다.

그럴싸한 이유

절대로 해내지 못할 것 같았던 일을 성공적으로 마치고 나면 다음에 또 비슷한 일을 겪을 때 마찬가지로 잘 해내리라 생각한다. 이것은 뇌가 자신의 능력을 과대평가하는 데서 비롯된다. 놀랍게도 이러한 착각은 성공적일 거라 기대했던 일이 실패로 돌아간 후에도 지속된다. 성공은 자신의 능력 덕분이고, 실패는 운이 따라 주지 못한 탓이라는 뇌의 판단 때문이다.

누구나 세상을 약간 긍정적으로 바라보는 심리적 편향성을 갖고 있다. 위에서 얘기한 뇌가 성공과 실패의 경험을 대하는 바가 그 예다. 이런 심리적 편향성이 없었더라면 인류는 지금처럼 지구 위를 마음대로 돌아다닐 수 없었을 것이다. 무언가 새로운 것을 시도하기보다 가만히 제자리에 있는 것이야말로 제일 안전했을 테니까. 세상을 긍정적으로 보는 편향적인 시선이 나쁠 것은 없다. 너무 지나치게 긍정적이지만 않으면 긍정적 시선을 갖고 살아가길 장려하고 싶다. 당신이 어떤 결정을 내릴 때 긍정적인 생각을 꼭 염두에 두기를 바란다.

30 집중력 향상을 위한 위기상황 대처법

살다 보면 이따금 예상을 벗어나거나 전혀 경험해 보지 못한 일들이 벌어지는 것을 목격할 때가 있다. 특히 누군가로부터 생명을 위협받거나 협박을 당하는 경우 이성적으로 대응하기는 매우 어렵다. 공포에 사로잡힌 사람은 극도로 무력감을 느껴 결국엔 스스로는 물론 타인에 의해서도 그 공포에서 빠져나오기 힘들어진다.

 ## 왜 그럴까?

인간의 뇌는 위험한 상황을 처리할 때 본능에 따라 행동한다. 피에서 아드레날린이 솟구치고 심장 박동이 빨라지기 시작하면 시간을 인지하는 능력이 더 빨라지고 눈앞에서 벌어지는 일들을 좀 더 잘게 쪼개어 본다. 숨겨진 동물적 감각이 깨어나 사람으로선 도저히 할 수 없는 일들도 할 수 있게 된다.

MEMORY

- 예상치 못한 일에 곧바로 대처하기란 매우 어렵다.
- 하지만 미리 대책을 세워 두면 훨씬 도움이 된다.
- 위기 상황에서는 정신을 최대한 집중시킨다.

 20분 가급적 20분 안에 문제를 풀어 보자!

집중력 강화 훈련

미리 대비책을 세워 두면 좋을 만한 일들을 몇 개 적어 보자.

★1 : _____

★2 : _____

★3 : _____

이제 위 세 가지 상황에 적절한 대응 매뉴얼을 적어 보자.

★1 : _____

_____

★2 : _____

_____

★3 : _____

_____

빈칸에 1부터 9까지의 숫자를 채워 넣어 스도쿠 퍼즐을 완성시켜 보자. 단, 숫자는 가로나 세로 각각 한 번씩만 나타날 수 있으며, 동시에 굵은 선으로 만들어진 3×3 상자 안에서도 단 한 번씩만 나타날 수 있다.

예기치 않게 음영 처리된 빈칸(숫자를 적지는 않는다)은 행, 열 및 3×3 상자 안에서 각기 누락된 숫자를 나타낼 수 있다.

1			7	4	6		▨	3
		2	3	▨		8		
	3	▨			9	4	1	
2		3	▨		1		7	6
9	1						2	▨
6	▨		8		2	5		1
	8	1	6			▨	9	
▨		9		2	4	1		
3			1	9	▨			4

위기 상황 대처 매뉴얼 짜기

항상 어떤 일이 벌어질까 두려워하며 시간을 낭비하는 것은 옳지 않다. 살다가 혹 일어날지도 모르는 위기 상황에 대한 매뉴얼을 짜보자. 예를 들어 집에 불이 나거나 열쇠를 잃어버렸을 경우 어떻게 대처해야 할지 모른다면 지금 당장 계획을 세워 놓자. 예를 들어 소화기를 가까이 비치해 두거나 예비 열쇠를 하나 더 만들어 놓던가 하는 것이다.

정신적으로 상당한 충격을 받은 경우 사람들은 그 자리에서 마비된 듯 움직이지 못한다. 이는 너무 많은 자극이 뇌에 전달되면 과부하가 걸리기 때문이다. 이를 미연에 방지하려면 위험한 상황을 떠올려 보고, 어떻게 하면 좋을지 시뮬레이션해 본다. 이처럼 뇌가 미리 생각해두면 실제로 그런 상황이 벌어졌을 때 우리는 좀 더 이성적으로 행동할 수 있다. 그렇다고 세세하고 복잡하게 계획을 세우라는 말은 아니다. 그저 위험한 상황을 마주한 순간에 간단히 '도망가기'처럼 '처음으로 할 일'만 생각해두면 된다.

예측 불가한 타인

꼭 어떤 특수한 상황이 아니더라도, 당장 우리 주변에 있는 사람들 또한 예측 불허한 일들을 저지르곤 한다. 심지어 일을 저지른 자신조차 이해하지 못할 일들을 저지를 때가 있다. 극도의 위기 상황에서 사람들은 이성을 잃고 당신을 위험에 빠트리게 할 수 있다. 따라서 타인으로 인해 위기 상황이 벌어질 때를 대비해 대처 방법을 충분히 생각해 보고 이에 대한 매뉴얼도 미리 짜놓는 것이 필요하다.

대부분은 선입견에 따르지 않고 나름 공정하게 결정을 내린다고 자부한다. 그러나 현실에서 우리의 뇌는 보고 싶은 것만 보고, 듣고 싶은 것만 듣게끔 조종한다. 뇌는 항상 깊게 생각하는 것이 아니라 어떤 일은 직감에 맡기곤 하는데, 이는 그 직감이 옳다는 '기분'이 들게 한다. 하지만 그것은 느낌에 불과할 뿐 항상 맞다는 보장은 없다.

 ## 왜 그럴까?

어떤 결정을 내려야 할 때 항상 충분한 시간이 주어지는 것은 아니다. 따라서 뇌는 이에 맞춰 대부분의 결정을 성급하게 내리곤 한다. 이런 식의 직감에 따른 결정은 생각의 과정을 줄여 주지만 예상치 못한 일에 대해서는 가끔 잘못된 판단을 내리게 한다.

MEMORY

- 결정할 때 선입견은 큰 영향을 미친다.
- 자신이 보고 싶은 것만 보고 듣고 싶은 것만 듣는 경향이 있다.
- 직감이 잘못된 판단으로 이끌 때도 있다.

 20분 / 가급적 20분 안에 문제를 풀어 보자!

아래 그림을 보고 사각형이 총 몇 개 들어 있는지 개수를 세어 보자. 분명히 당신이 생각한 것보다 훨씬 많은 개수의 사각형이 들어 있을 것이다. 물론 사각형의 크기는 다르다. 힌트를 하나 주면, 작은 사각형을 여러 개 포함한 커다란 사각형도 있다.

숫자 1부터 8까지를 가로, 세로 어느 방향으로든 겹치지 않게 빈칸에 채워 보자.

사각형 네 개가 둘러싸고 있는 중심점에는 네 자리 숫자가 적혀 있다. 이 네 자리 숫자는 접하고 있는 네 개의 사각형에 각각 쓰인 숫자를 의미한다. 하지만 어느 사각형에 쓰인 숫자인지는 직접 판단해야 한다.

여기 5×4×4의 상자가 쌓여 있다. 상자 몇 개를 빼내어 아래의 모양을 만들 때, 사용한 상자의 개수는? 단, 어느 상자도 공중에 떠 있을 수는 없다.

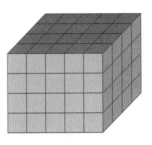

▶1

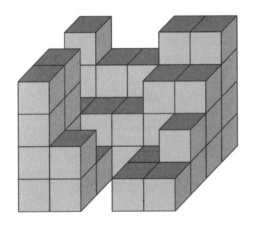

▶2

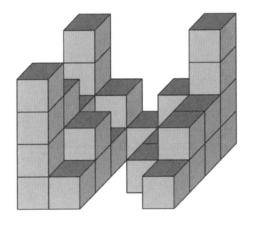

선입견의 종류

세상에는 여러 형태의 선입견이 존재한다. 이는 어떤 대상에 대한 기대에 큰
영향을 미칠 수 있다. 대표적인 편견으로는 다음과 같은 것이 있다.

- 다수의 의견이 소수보다 더 낫다고 믿는다.
- 예측한 확률이 항상 맞을 것이라고 믿는다.
- 미래에 일어날 일은 언제나 과거에서 비롯된 것이라고 생각한다.
- 예상한 일이 일어날 확률이 예상치 못한 일이 일어날 확률보다 높다고 생
  각한다.
- 원래 믿고 있던 것과 정반대인 것은 무시해 버린다.
- 과거에 벌어진 일은 충분히 예측할 수 있었던 것이라고 생각한다.
- 자꾸 듣다 보면 그 일이 현실이 될 것이라고 믿는다.
- 아무리 보잘것없는 정보일지라도 계속 확장시켜 일반적인 결론에 이른다.
- 자신의 신념과 모순되는 정보는 쉽게 무시한다.
- 다수에 해당되는 고정관념을 소수에게도 적용한다.

편견과 마주하기

내가 어떤 편견을 갖고 있는지조차 모르는 상태에서 편견을 없애기란 쉬운
일이 아니다. 무엇보다 먼저 할 일은 다급한 상황에서 뇌가 직감에 의존해 성
급하게 결정을 내리지 않도록 하는 것이다.
이미 많은 도박꾼들이 증명했듯이, 우리가 하는 수많은 예측 중에 제일 쓸모
없는 것이 바로 확률에 관한 예측이다.

우연히 맞아떨어지는 숫자들

'한 방 안에 23명이 있을 때, 2명은 생일이 겹친다'라는 말을 들으면 아마 말도 안 되는 소리라고 할 것이다. 이는 우리의 뇌가 자신과 다른 사람의 생일이 겹치는 것을 쉽게 상상할 수 없기 때문이다. 생일이 겹치는 것보다 더 가능성 없는 일은 두말할 필요도 없다. 앞서 말한 23명이 있는 상상의 방에서 22명 중 한 명과 생일이 겹칠지도 모를 경우의 수는 총 250가지가 넘는다. 이 250이라는 숫자를 보고 난 후에 당신은 이 정도의 숫자라면 적어도 생일이 같은 한 쌍은 있을 것만 같다는 착각을 할지도 모른다. 하지만 예측은 언제나 예측에 불과하다.

개연성 없는 사건들

우리는 가끔 합리적으로 절대 개연성이 없는 두 사건임에도 불구하고 연결 짓는 실수를 저지른다. 예를 들어, 본격적으로 동전 던지기를 하기 전에 미리 몇 번 연습으로 던져 본 것을 가지고 정식으로 던질 경우 나올 면을 대충 예측한다. 언뜻 합리적인 예측처럼 보이지만 실제 과거에 있었던 일이 미래에 직접적인 영향을 줄 수 있다고 하기는 어렵다. 연습에서 앞면만 다섯 번 나온 경우 정식으로 던질 때도 뒷면보다 앞면이 나올 거라고 예상한다. 하지만 연습에서 어떤 면이 몇 번이 나왔든 몇 번을 연속해서 던지든 앞, 뒷면이 나올 확률은 정확히 2분의 1이다.

'수학' 하면 여러 공식이나 함수 문제가 즐비한 학교 시험문제를 먼저 떠올린다면 중요한 것을 놓치고 있는 것이다. 수학 교육이 확실한 정답이 있는 문제를 다루지만, 일상생활에서 사용하는 수학은 생각보다 간단한 계산만 요구한다. 수학적 머리가 보통 사람보다 좋지 않아도 조금만 수학을 잘 사용하면 충분히 삶의 질을 높일 수 있다.

 왜 그럴까?

우리는 생활에 많은 도움이 되는 합리적 예측 능력을 갖고 있다. 이 능력만 잘 사용해도 식당에서 계산할 때 바가지를 쓰지 않아도 될 뿐만 아니라 마트 세일 기간에 어떤 상품이 진짜 할인 상품인지도 판별할 수 있다.

MEMORY

- 영수증을 잘 보고 '진짜' 할인 상품을 찾아보자.
- 일상에서 사용하는 수학은 학교에서 배운 것과 다르다.
- 뇌의 수학적 기능을 사용하자.

 가급적 10분 안에 문제를 풀어 보자!

 집중력 강화 훈련 ——

아래 다양한 도형을 잘 살펴보자. 개수가 가장 많은 도형과 가장 적은 도형을 각각 찾아보자. 단, 개수를 세지 말고 직감만으로 푼다.

정답을 골랐다면 다음 페이지에 이에 대한 간단한 글이 있으니 일단 정답을 옆에 적어 두자.

이제 숫자를 가지고 연습해 볼 시간이다. 아래 주어진 숫자들의 합을 추정해 보자. 너무 오래 생각하면 안 되고 가능한 한 빨리 정답을 도출한다.

22 17 21 19

생각한 답을 가장 근접한 10의 자리 숫자로 말해 보자. 예를 들어 62면 60, 69면 70으로 말이다.

합리적으로 예측하기

'두 번째 훈련법'에서 적어둔 정답을 보자. 숫자 네 개를 더하는 것이 힘들게 느껴졌을지도 모른다. 혹시 약 80은 될 것이라고 생각하진 않았나? 잠깐 머리를 써 보면 각각의 숫자는 약 20이라고 볼 수 있고 20×4=80이므로 쉽게 정답을 도출해 낼 수 있다.

이제 '첫 번째 훈련법'으로 돌아가 보자. 개수가 제일 많은 도형은 사각형이고 가장 적은 도형은 삼각형이다. 좀 더 구체적으로 말하자면 그림 속에는 총 9개의 사각형, 5개의 삼각형 그리고 7개의 원이 있다. 정신만 약간 차리면 잠깐 도형들을 쳐다본 것만으로도 대충 어떤 도형이 많고 적은지를 알 수 있다. 그리고 더 정확하게 풀고 싶다면 조금만 집중해서 대략 몇 개인지 세어 보는 방법도 좋다. 생활 속에서 시간을 내어 연습해 보면 금세 익숙해진다.

숫자는 알고 보면 별것 아니다. 살다 보면 앞에서 말한 합리적인 예측이 도움이 될 때가 정말 많다. 가게에서 계산할 때, 인터넷에서 물건을 주문할 때 대략 얼마일지 계산해 보자.

32일 차 : 세 번째 훈련법

아래 숫자들을 전부 곱해 대략 몇이 될지 생각해 보고 옆에 적어 보자.
절대 천천히 계산하면 안 된다.

1 2 3 4 5 6 7 8

이제 아래에 적힌 숫자들의 곱을 예측하고 정답을 적어 보자.

8 7 6 5 4 3 2 1

두 문제를 다 풀었다면 이제 다음 글을 읽어 보자.

어떤 방법으로든 같은 결과가 나오더라도 첫 번째보다 두 번째가 약간 더 큰 예측 결과가 나왔을지 모른다. 이것은 첫 번째로 나타난 숫자가 우리에게 편견을 심어 주기 때문이다. 첫 번째 문제에서 앞에 나온 숫자가 '1'이기 때문에 그 곱을 실제보다 적게 예측하게 되는 반면, 두 번째 문제에서는 앞의 숫자가 크기 때문에 실제보다 크게 예측하는 실수를 범한다.

여기서 중요한 점은, 첫 번째든 두 번째든 그 곱은 언제나 일치한다는 것을 인지하고 있음에도 불구하고 당신은 어쩌면 첫 번째의 곱이 두 번째의 곱보다 적을 것만 같은 '느낌'이 들 수도 있다는 것이다. 이것이 바로 심리학에서 말하는 인지적 편향Cognitive bias이다.

32일 차 : 네 번째 훈련법

이제 간단한 것 말고 약간 복잡한 숫자에 도전해 보자.
아래 주어진 여섯 개의 숫자의 합을 예측해 보자.

32 48 88
75 32 95

생활 속에서 접하는 수학 계산이 전부 쉽지만은 않다. 간단한 덧셈, 뺄셈보다는 더 복잡한 경우가 대다수다. 그럼에도 실생활에서 암산 연습을 하는 사람은 드물다. 적당한 암산 능력은 계산기 앱을 켤 만한 상황이 아닐 때 매우 도움이 된다.

 왜 그럴까?

여러 복잡한 숫자를 더할 때 뇌는 이전에 더한 결과를 기억함과 동시에 다음 숫자를 여기에 더하는 작업을 한다. 이러한 계산 연습이 어려워 보이는 이유는 우리가 평소에 이런 방식으로 뇌를 사용하지 않기 때문이다.

MEMORY

- 계산 연습을 꾸준히 하면 집중력 향상에 도움이 된다.
- 암산을 하다 보면 계산에 익숙해진다.
- 숫자를 계속 다루면 머리가 좋아진다.

 가급적 25분 안에 문제를 풀어 보자!

25분

생활 속의 수학

어떤 사람들은 간단한 암산 능력을 넘어 훨씬 복잡하고 어려운 것까지도 척척 해낸다. 하지만 걱정하지 말자. 여기서 말하는 암산 능력은 계산 중간에 나오는 값을 잊어버리지 않고도 긴 연산을 해내는 간단한 것을 의미한다.

암산은 단기 기억 능력을 요구한다. 단기 기억 능력이라 함은 30초 이내의 짧은 시간 동안만 어떤 것을 기억하는 능력이다. 어딘가에 적거나 계산기 사용에 익숙한 요즘 사람들은 이전 사람들보다 암산 연습이 더 어려울 수 있다.

다행스럽게도 매우 간단한 암산 연습만으로도 큰 효과를 볼 수 있다. 며칠에 걸쳐 다음의 도전 과제들을 해결하다 보면 암산이 조금 쉬워질 것이다.

 집중력 강화 훈련 ——— **33일 차 : 첫 번째 훈련법**

주어진 숫자 세 개를 잘 보고 기억해 보자. 그런 뒤 숫자를 가리고 아래 문장을 읽어 보자.

13   19   22

세 숫자 중 두 개를 골라 더했을 때 나오는 숫자를 아래 네 가지 숫자에서 골라 보자.

31 35 38 43

첫 번째 훈련법의 난이도가 어땠는가? 처음 볼 땐 무척 어려워 보이지만 계속 연습하다 보면 쉬워진다.

이번에도 같은 방식으로 문제를 풀면 된다. 한 문제씩 숫자를 기억하고 가린 뒤 다음 페이지에서 기억하고 있는 세 숫자 중 두 숫자를 더했을 때 나오는 숫자를 찾아보자. 기억해야 하는 숫자보다 합을 먼저 보면 안 된다.

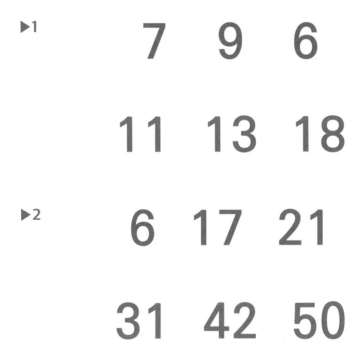

▶1

7   9   6

11   13   18

▶2

6   17   21

31   42   50

아래 주어진 숫자들은 옆 페이지의 같은 열에 있는 세 개의 숫자 중 두 개를 더했을 때 나오는 숫자이다.

책에 계산을 쓰지 않고 깨끗하게 풀었다면 시간이 지나 다시 풀어 보자. 더 쉽게 풀 수 있게 되었는지 확인해 보자.

▶1

15	18	21
25	29	33

▶2

22	38	32
74	83	92

아무것도 적지 않고 아래 숫자 체인을 풀어 보자. 적지 않고 문제를 푸는 것은 암산 능력을 기르는 데 매우 도움이 된다.

각 체인의 맨 왼쪽에 적힌 숫자부터 시작한다. 화살표를 따라 오른쪽으로 각각 연산 부호와 함께 적힌 숫자에 알맞게 계산한 뒤 정답을 확인한다.

▶1

29	+9	+50%	÷3	+63	−20	RESULT

▶2

14	−50%	+18	÷5	×2	−70%	RESULT

▶3

29	×3	×2/3	+18	×1/2	−50%	RESULT

▶4

27	×1/3	$\sqrt{}$	×7	−11	×1/2	RESULT

▶5

45	−35	−30%	+36	−4	+56	RESULT

이번엔 계산이 포함된 스도쿠 문제다. 숫자 1에서 6을 가로, 세로 각 한 번 씩만 나타나도록 빈칸에 알맞은 숫자를 채워 보자.

굵은 선으로 된 각 영역은 왼쪽에 적힌 연산부호에 맞게 계산했을 때 연산 부호 옆의 숫자 값이 나와야 한다. 예를 들어, '3+'이면 굵은 선 안의 숫자의 합이 3이라는 뜻이다. 뺄셈과 나눗셈의 경우 옆의 숫자는 큰 값에서 작은 값을 빼거나 나눈 값을 의미한다.

▶1

12×		16+			3+
11+		12×	5+		
3+				11+	
24×		1−	5+	5+	
3−	36×			8+	
				5+	

▶2

9+		6×		8×	30×
1÷		4−	96×		
432×			4−	8+	
2÷	20×			54×	
		2−			

151

항상 뭔가를 사야 한다고 생각하며 다니는 사람은 없다. 하지만 파격 할인 행사 상품을 발견하면 그 상품을 구매할지도 모른다. 그런데 과연 그 상품이 진정 할인한 가격이 맞을까? 어쩌면 마케팅 전략에 속아 넘어간 건지도 모른다.

 ## 왜 그럴까?

할인, 한정 수량, 기간 한정 세일, 공짜 사은품을 비롯한 수많은 '마케팅 전략'이 소비자를 현혹한다. 사람들은 좋은 기회를 놓치고 싶지 않아서 결국 쉽게 넘어간다. 하지만 알고 보면 기회를 놓치면 큰일이라는 생각이 들도록 뇌를 착각하게 만든 술수에 불과하다.

MEMORY

- 판매자는 고객에게 당장 사야 할 것 같은 착각을 일으킨다.
- 정기 할인이나 마감일이 정해진 세일 기간은 소비자 유인책에 불과하다.
- 품절에 대한 불안을 이용해 판매를 촉진한다.

 25분 가급적 25분 안에 문제를 풀어 보자!

숫자가 쓰인 동그라미를 섬이라 생각하고 가로, 세로 직선으로 연결해 모든 섬들이 적어도 한 개 이상의 다리로 연결되게끔 만들어 보자. 다리는 서로 혹은 또 다른 섬 위를 가로지를 수 없다. 그리고 한 쌍의 섬 사이에는 네개 이상의 다리가 있을 수 없다. 섬에 쓰인 숫자는 그 섬에 연결된 다리의 총개수를 의미한다.

▶1

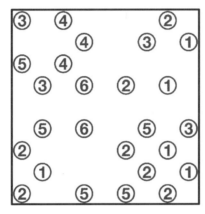

▶2

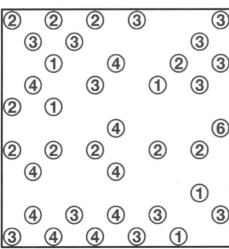

아래 독특한 스도쿠 문제를 풀고 숫자 활용 능력을 테스트해 보자.

숫자 1부터 9까지를 가로, 세로 그리고 굵은 선으로 나뉜 3×3 상자에 각각 한 번씩만 나타나게 빈칸에 적어 보자. 주의할 점은, 화살표가 지나는 빈칸 위의 숫자를 전부 더한 값이 화살표가 출발하는 원에 적힌 숫자와 같아야 한다.

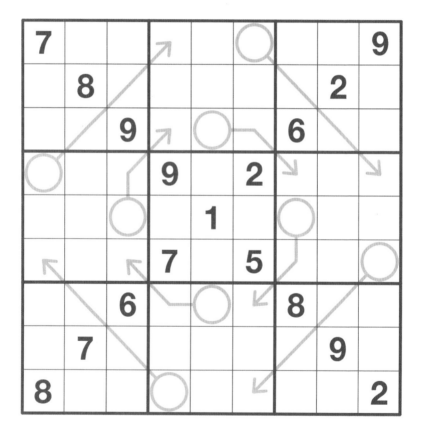

소비자를 현혹하는 판매 수법

영국을 비롯한 몇몇 나라에서는 오로지 실제로 할인된 상품에 한해서만 '세일' 표시를 할 수 있다. 늦여름 슈퍼, 한 구석에서 크리스마스 상품이 세일 중인 것을 볼 수 있는 것도 이 때문이다. 그리고 크리스마스가 왔을 때 가판대를 옮기면 신기하게도 모든 것이 정상 판매 중이다. 가구점에서 '50% 할인'이 붙은 가구를 본 적이 있는가? 당장은 다시는 이 정도의 파격 세일을 하지 않을 것 같은 기분이 들겠지만, 다음 달에 매장에 다시 가면 또 다른 재고 상품이 같은 할인가에 판매 중임을 볼 수 있다. '스티커 붙은 가격표'는 소비자에게 나중이 아니라 지금 당장 살 것을 부추기는 눈속임용이다.

아래는 다양한 판매 수법에 대한 설명이다.

- **공짜 테스트:** 특히 오프라인 매장에서 구매할 때 제품을 테스트하면 그 제품을 사야 할 것만 같은 기분이 든다.
- **공짜 사은품:** 원래 필요했던 것이 아니더라도 뭔가 더 받으면 이득인 것 같다는 착각이 든다(게다가 몇몇 사은품은 반품하기도 힘들다).
- **무료 체험:** 체험하는 도중에 구독 취소나 반품을 하는 것을 잊어버린다.
- **초읽기:** 한정 수량이나 기간 한정 세일은 서둘러 구매를 해야 한다는 착각을 불러일으킨다.
- **유명도:** 사용자가 많거나, 온라인이라면 그 상품에 대한 구매 정보가 많을수록 구매를 촉진시키는 효과가 있다(예를 들어 '115개 구매', '찜 23개' 같은 것들을 말한다).

사람들은 자신의 생각을 깔끔하고 간결하게 전달하는 사람에게 한층 더 관심을 갖는다. 이와 같은 화법은 말하는 주제를 더 쉽게 이해할 수 있게 도와준다. 어휘력을 넓히면 독서에 재미를 붙일 수 있을 뿐만 아니라 새로운 주제에 대해 상상하고 관련 아이디어를 쉽게 떠올릴 수 있다.

 왜 그럴까?

같은 주제라도 정확한 단어를 사용해 설명하면 자신이나 듣는 사람이나 더 쉽게 기억하고 이해할 수 있다. 어휘력을 넓히고 독서량을 늘리면 생각의 크기를 키울 뿐만 아니라 대화의 기술도 습득할 수 있다. 외국어를 배우는 것 또한 새로운 개념을 이해하는 데 도움이 된다.

MEMORY

- 인터넷 기사일지라도 많은 글을 읽는 습관을 들이자.
- 풍부한 어휘력은 생각의 확장을 돕는다.
- 외국어를 배워 보는 것도 좋다.

 15분 가급적 15분 안에 문제를 풀어 보자!

아래 퍼즐을 풀며 어휘력을 테스트해 보자.

가로, 세로, 위, 아래, 대각선으로 연결해 단어를 만들어 보자. 단어에 들어가지 않는 글자 위로는 지나갈 수 없다.

▶1

자	동	화
선	전	물
물	통	차

목표 : 15 단어

▶2

아	기	성
산	마	진
수	전	사

목표 : 17 단어

철자에 알맞은 모음을 넣어 단어를 완성해 보자. 다만, 빈칸은 무작위로 만든 것이다.

각 단어는 색깔에 관련된 영어이다. 예를 들어 '보라'는 'VIOLET'으로 표기되어 있다.

★ M GN T

★ L VN DR

★ N DG

★ P LM

★ VI L T

★ OLI E GR EN

★ CY N

주어진 글자의 위치를 변경해 원래 단어를 만들어 보자. 각각의 단어는 우리나라 문화재 이름이며, 글자 사이에 있는 빈칸은 무시한다(모든 단어는 단일 단어다).

★ 형파 검동비

★ 옥판 선

★ 대 환두도

★ 경대만 장팔

★ 기원정 일승

★ 산 화경진수

★ 만도 곤국 여전

★ 구부일 앙

글을 써 보고 싶은 생각에 뭐라도 쓰려고 종이와 펜, 혹은 노트북을 들고 책상에 앉았다가 아무것도 쓰지 못한 적이 있는가? '어떤 것'에 관해 글을 쓰는 능력을 갖는 것은 매우 많은 결정을 내려야 한다는 것을 뜻한다.

 왜 그럴까?

생각할 필요가 없을 때 결정을 내리기가 훨씬 쉽다. 결정할 일이 별로 없으면 일이 쉽게 끝나는 것도 같은 이치다. 아무런 준비 없이 어떤 일에 뛰어드는 것은 합리적인 행동으로 보이지 않지만 일단 시작하면 그 일을 처리하기 위해 전반적인 계획을 세우게 된다. 이를 통해 어려워 보였던 일이 좀 더 쉽고 간단한 단계들로 나눠지면서 의사 결정 과정이 쉬워진다.

MEMORY

- 한계에 도전해 작가의 벽을 넘어 보자.
- 반드시 처음부터 시작할 필요는 없다.
- 일단 연습하라. 뭐든지 쉽게 되는 일은 없다.

 18분 가급적 18분 안에 문제를 풀어 보자!

주어진 글쓰기 과제를 완성해 보자. 정답이나 모범 답안 같은 것은 없다. 아래의 과제들은 오로지 창의력이 필요한 글쓰기를 위해 고안되었다. 막연히 글을 쓰려고 할 때보다 미리 주어진 제한된 상황에서 좀 더 즉각적이고 쉽게 글을 쓸 수 있다는 점을 알 수 있다.

먼저 반이 잘려진 시에서 시작해 보자. 앞의 구절을 보고 뒤의 구절을 완성해 보자. 원한다면 운을 맞춰 써도 좋다.

★ 매일 아침 떠오른 나는 본다, _____

★ 세상은 그것이 옳다는 것을 알 것이다, _____

★ 내가 사색에 잠길 때면, _____

★ 그녀가 그날 했던 마지막 생각은, _____

아래 구성이 들어간 아주 짧은 이야기를 지어내보자.

★ 바둑이라는 이름을 가진 개가 있다.

★ 봉주라는 이름을 가진 마라톤 선수가 있다.

★ 벤치 위에 가방이 놓여 있다.

★ 이상한 소리가 들려온다.

이야기를 짧게 만들기 위해 글을 쓸 공간을 제약하겠다. 아래의 공간에 맞춰 짧은 이야기를 지어내보자.

_____

_____

_____

_____

_____

_____

_____

_____

_____

작은 것부터 시작하라

하려는 일의 스케일이 크다면, 작은 것부터 시작해 점점 범위를 넓혀야 한다. 우선 일의 단계를 잘게 쪼개 간단하게 만든다. 간단한 일만 반복해서 한다고 걱정할 필요는 없다. 글쓰기도 마찬가지다. 첫 문장을 쓰기 시작하면 이야기와 등장인물들이 떠오르기 시작할 것이다. 언제든 예전에 썼던 부분으로 다시 돌아가 뒤에 나온 새로운 이야기나 등장인물에 어울리도록 고칠 수 있으니 고민하지 말고 일단 써 내려가자.

무엇을 써야 할지 감이 잡히지 않는다면 범위를 설정해 놓자. 당신이 잘 알고 있는 것을 쓰거나 당신만의 세상을 구축해도 좋다. 등장인물의 이름이 떠오르지 않는다면 인터넷에 돌아다니는 아기들 이름 추천 목록처럼 어떠한 범위를 정해 놓고 그 안에서 골라 보는 것도 괜찮은 방법이다. 어차피 나중에 좋은 이름이 떠올라 다시 고쳐도 누구 하나 뭐라고 할 사람이 없으니 말이다.

가능한 것부터 하자

시도하는 것조차 막막하다면, 우선 중간 부분이나 마지막 부분부터 써 내려가도 좋다. 그다음엔 또 다른 쉬운 부분을 찾아 쓰는 방식으로 계속 반복하는 것이다. 이렇게 하다 보면 이야기들이 당신이 머릿속에서 짜놓은 견고한 틀에 맞춰 자기 자리를 찾아간다.

글쓰기는 결국 자기만족이다

글쓰기는 남에게 보여주기 위한 것보다 자기 자신을 위해 작업하는 경우가 많다. 자신을 위해 글을 쓰면 남의 의견에 신경 쓰지 않아도 된다. 그리고 어떤 주제가 괜찮을지 고민하지 않아도 되고 오로지 글쓰기 그 자체에 집중할 수 있다.

모르는 것이 무엇인지 알기란 어렵다. 이를 알고 싶다면 안 해 본 것들을 찾아 도전해야 한다. 물론 움직이는 것 자체가 우리 몸에 큰 도움이 되지만 굳이 육체적으로 힘을 쏟지 않아도 된다. 다양한 문화를 체험해 보는 것도 새로운 것을 배우는 좋은 방법 중 하나다. 박물관에 가거나 다양한 분야의 책을 읽고, 다큐멘터리를 시청하는 등 많은 방법이 있다.

 왜 그럴까?

우리는 계속해서 새로운 것을 배움으로써 세상을 보는 시야를 넓히고 좀 더 깊고 풍부한 생각을 할 수 있다. 이뿐만 아니라 뇌 또한 도전하는 것을 즐기는 방향으로 바뀐다. 생소한 경험일수록 좋다. 낯선 장소에 놀러가는 것은 모든 감각을 새롭게 깨우는 데 도움이 된다.

MEMORY

- 경험이 많으면 생각도 다양해진다.
- 안 해 본 일에 도전하자.
- 매일 새로운 것들을 배우려고 노력하자.

 가급적 15분 안에 문제를 풀어 보자!

- 💡 집중력 강화 훈련 ── 37일 차 : 첫 번째 훈련법

우리나라 17개 광역지방자치단체를 적어 보자. 아래 리스트에 기억나는 대로 쓴다.

★ 1 : _____

★ 2 : _____

★ 3 : _____

★ 4 : _____

★ 5 : _____

★ 6 : _____

★ 7 : _____

★ 8 : _____

★ 9 : _____

★ 10 : _____

★ 11 : _____

★ 12 : _____

★ 13 : _____

★ 14 : _____

★ 15 : _____

★ 16 : _____

★ 17 : _____

미국 역대 대통령에 대해 얼마나 알고 있는지 살펴보자. 그들의 재임 기간을 옆에 명시해 두었다.

★ 1969-1974: _____

★ 1974-1977: _____

★ 1977-1981: _____

★ 1981-1989: _____

★ 1989-1993: _____

★ 1993-2001: _____

★ 2001-2009: _____

★ 2009-2017: _____

당신은 총 몇 개의 아프리카에 속한 나라 이름을 댈 수 있는가? 이 책이 출판될 때까지 총 54개의 주권국이 존재한다.

★ 1: _____
★ 2: _____
★ 3: _____
★ 4: _____
★ 5: _____
★ 6: _____
★ 7: _____
★ 8: _____
★ 9: _____
★ 10: _____
★ 11: _____
★ 12: _____
★ 13: _____
★ 14: _____
★ 15: _____
★ 16: _____
★ 17: _____
★ 18: _____
★ 19: _____
★ 20: _____
★ 21: _____
★ 22: _____
★ 23: _____
★ 24: _____
★ 25: _____
★ 26: _____
★ 27: _____

★ 28: _____
★ 29: _____
★ 30: _____
★ 31: _____
★ 32: _____
★ 33: _____
★ 34: _____
★ 35: _____
★ 36: _____
★ 37: _____
★ 38: _____
★ 39: _____
★ 40: _____
★ 41: _____
★ 42: _____
★ 43: _____
★ 44: _____
★ 45: _____
★ 46: _____
★ 47: _____
★ 48: _____
★ 49: _____
★ 50: _____
★ 51: _____
★ 52: _____
★ 53: _____
★ 54: _____

대부분의 사람들이 이름, 연락처, 생일, 집 주소나 중요한 일정 등을 모두 스마트폰에 저장해 놓는다. 그 이전엔 이것들을 아주 잠깐이라도 머릿속에 저장해야 했지만 이제 더 이상 그런 시대는 끝났다.

 왜 그럴까?

쉽게 잊어버리거나 헷갈리는 것들을 메모해 두는 것은 꽤 합리적인 방법이다. 하지만 우리 주변에서 일어나는 모든 일을 이와 같이 처리한다면 기억력은 점점 안 좋아진다. 전화번호 하나 기억하기 어려워질 것이다. 따라서 쇼핑 리스트나 찾아가려는 가까운 목적지같이 간단한 것들은 기억하려는 습관을 들이는 것이 좋다.

MEMORY

- 자꾸 기억하다 보면 기억력이 좋아진다.
- 이전 세대 사람들은 기억력이 더 좋은 경향이 있다.
- 생각보다 우리의 기억력은 더 좋다.

 가급적 15분 안에 문제를 풀어 보자!

 집중력 강화 훈련

아래 단어들을 기억하는 연습을 통해 기억력을 높여 보자.
먼저 쇼핑 리스트부터 시작해 보자.

★ 빵

★ 우유

★ 잼

★ 신문

★ 주스

★ 요구르트

★ 버터

★ 키친타월

외우는 데 시간이 얼마나 걸리든 상관없다. 다 외웠다면 위의 목록을 가리고 아래의 문제에 답해 보자.

★ 쇼핑 목록에는 물건이 총 몇 개 있는가?

★ 'ㅈ'으로 시작하는 물건에는 어떤 것들이 있는가?

★ 음식이 아닌 물건 두 개는 무엇인가?

★ 목록에 있는 것을 전부 적을 수 있는가?

다음 그림을 잘 살펴본 후 그림을 가리고 아래쪽에 있는 문제로 넘어가자.

위쪽 그림을 가린 후 아래 그림에서 새로 추가된 그림들을 체크해 보자.

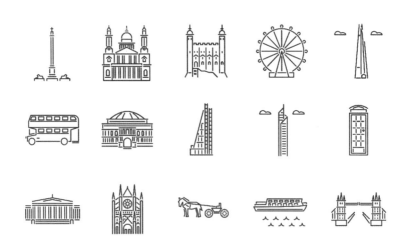

아래 주어진 숫자들의 순서를 의식적으로 외우지 않고 천천히 읽어 보자.
마지막 숫자에 다다랐을 때 처음부터 차례로 적을 수 있는지 확인해 보자.

7459
2386
1467

이제 다시 숫자를 보고 올바르게 썼는지 확인해 보자. 몇 개의 숫자를 순서
에 맞게 썼는가?

아래의 표정 그림들을 가지고 비슷한 연습을 해 보자. 각각의 표정들의 순
서를 특별히 외우려고 하지 말고 순서대로 자세히 관찰한 후 책을 덮는다.
다른 종이에 순서대로 그릴 수 있는지 확인해 보자.

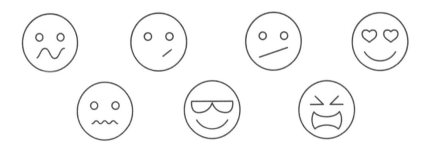

무엇보다도 사소할수록 사실에 근거해 결정을 내려야 한다. 이는 원하는 결과를 얻어내는 것만이 아니라 나중에 필요할지도 모르는 타당한 근거가 된다. 그런데 무엇이 사실인지, 아닌지 어떻게 판단할까?

 ## 왜 그럴까?

어떤 것들은 일의 사실관계가 매우 분명하다. 새로운 가구를 사려고 한다면 자신을 위해 합리적인 가격과 외형을 알아보는 것은 당연하다. 하지만 품질, 내구성이나 제작 시 환경에 미친 영향 등의 사실은 어떻게 판단할 것인가? 만약 그 가구를 만든 회사에서 이를 보장한다고 할 경우, 그들이 제시하는 것은 사실인가, 아니면 그저 주장에 불과한가? 눈으로 확인할 수 없는 것들은 또 어떨 것인가?

MEMORY

- 의견이 아니라 사실에서 출발한다.
- 사실의 개연성을 잘 생각해 본다.
- 결론이 일반적으로 적용되는지, 특정 상황에서만 성립하는지 따져 본다.

 18분 가급적 18분 안에 문제를 풀어 보자!

아래 과제를 통해 근거를 제시하는 능력을 길러 보자.

점선을 따라 선을 그어 여러 가지 직사각형과 정사각형으로 칸을 채워 보자. 각각의 모양 안에는 단 하나의 숫자만 존재하며 이 숫자는 그 모양을 이루는 점선으로 이루어진 사각형의 개수를 의미한다.

▶1

		5			2		
				4			
	6				3		
						3	5
6							
	6	3		9			4
			4		2		
						2	

▶2

6					5		
	8				3		
						9	
			6				3
		2	6				
4		5			3		
3							
	9				9		9
	4						
					3		3

굵은 선 안에 있는 각 영역 안에 단 하나의 테트로미노(네 개의 사각형으로 이루어진 모양) 블록이 존재하도록 빈칸에 알맞게 색칠해 보자. 사용될 테트로미노 블록은 아래에 나와 있는 것과 같이 L, I, T, S 모양이 있으며 이번 과제에서는 흔히 알고 있는 2×2 상자 모양은 제외한다.

★ 굵은 선 안에 있는 테트로미노 블록은 옆 그림에서 볼 수 있듯이 다른 선 안의 블록과 한 면이 반드시 맞닿아 있다. 사선으로 닿는 것도 괜찮다.

★ 그림 안 어느 곳에서도 2×2 면적으로 색칠된 사각형 모양이 나와서는 안 된다.

★ 같은 모양의 테트로미노 블록은 사선을 제외하고는 맞붙어 있을 수 없다. 좌우 반전이나 회전한 뒤의 블록도 같은 모양의 블록으로 간주한다.

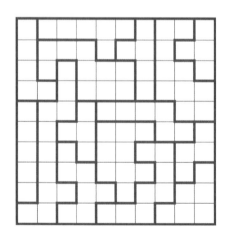

숫자 놀이

자신이 검증할 수 있는 범위 밖의 일에 대해 판단하는 것은 어려운 일이다. 여러 군데에서 동일한 내용을 본다고 하더라도 늘어난 표본의 숫자가 그 내용의 진실성을 담보해 주지는 않는다. 게다가 요즘같이 인터넷이 발달한 시대에는 속이고 싶다면 원문을 베껴 얼마든지 표본의 숫자를 늘리는 것도 가능하기 때문이다.

그렇다 하더라도 어떤 사실에 있어서 숫자는 매우 중요한 역할을 한다. 여러 가지 맛과 모양의 과자가 담긴 봉투 안에서 빨간색 사탕이 몇 개인지는 알 수 있지만 그 사실로 다른 봉투의 내용까지 알 수는 없다. 그러나 수백 개의 과자 봉투를 확인한다면 평균적인 봉투의 상태를 알 수 있다. 같은 맥락으로 대부분의 연구에서 표본의 숫자는 중요하게 여겨진다. 연구가 복잡할수록 더 많은 표본이 필요하다.

특정 결론을 일반화하는 오류

작은 표본을 통해 확고한 결론을 내리기는 어렵지만 보편적인 개념은 많은 경우 도움이 된다. 그렇다고 해서 일반적인 개념을 너무 세부적으로 적용시키는 것은 피해야 한다. 앞에서 말한 일부 과자 봉투에서 빨간색 사탕의 개수가 비슷하다고 해서 다른 수많은 과자 봉투도 비슷하다는 결론을 내려서는 안 된다는 것이다. 단지 이해하기 쉽기 때문에 우리는 보다 구체적인 결론을 성급히 내린다.

특정 결론을 적절하지 않은 분야에 잘못 적용하는 문제는 더 놓치기 쉬운데, 심지어 완전히 결과를 뒤집어 버리기도 한다. 이를 한마디로 요약하면 다음과 같다. '당근은 주황색이다'라고 해서 세상에 존재하는 모든 주황색이 당근인 것은 아니다. 우리는 누군가가 어떤 사실에 대해 이와 비슷한 형식의 가짜 근거를 제시했을 때, 실제로 명백한 사실에 대해서도 의심을 하게 된다.

40 절대 배움을 멈추지 마라

40일간의 훈련은 뇌를 단련시키는 데 수박 겉핥기 수준에 불과하다. 중요한 것은 이 책으로 뇌를 단련시키는 것을 시작하고 여기서 더 나아가 새로운 것들에 꾸준히 도전하는 일이다. 인터넷에서 찾은 비슷한 퍼즐을 풀거나 이미 할 줄 알게 된 것들에 좀 더 익숙해지도록 연습하는 것처럼 당신이 배울 수 있는 것은 여전히 많다.

 ## 왜 그럴까?

인간의 뇌는 최상의 능력을 발휘하기 위해 끊임없이 새로운 것들을 접해야만 한다. 쓰이지 않는 부분은 자동적으로 기능을 잃으므로 뇌의 역량은 각자 하기 나름이다. 그러니 매일 뇌를 사용하자. 전작인 『기억력 천재 게으른 뇌를 깨워라』를 비롯해 뇌 훈련 관련 책을 선택해 40일간 훈련해도 좋다.

MEMORY

- 기억하길 원하는 것들을 적어 보자.
- 가능한 한 오래, 많이 자신의 한계에 도전하자.
- 뇌를 단련시킬 수 있는 새로운 활동과 방법을 모색하자.

 25분 가급적 25분 안에 문제를 풀어 보자!

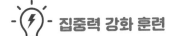
아래 주어진 퍼즐을 풀어 보자.

가로, 세로, 2×4, 4×2 직사각형 안에서 1부터 8까지의 숫자가 각각 한 번씩
만 나타나게끔 빈칸에 알맞은 숫자를 써 넣어 보자.

★ 가로줄과 세로줄은 세 가지 방향 중 하나로 연결되며 별의 중앙에 다다랐
   을 때 90도로 꺾인다.

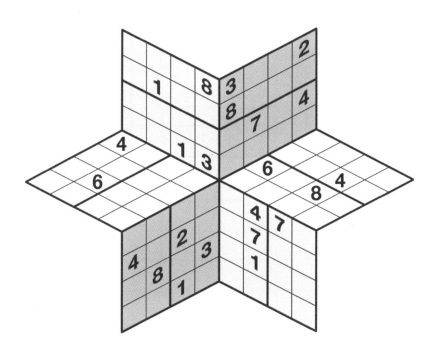

★ 몇 개의 칸을 색칠하되 색칠된 칸은 대각선을 제외하고는 서로 맞붙어 있을 수 없다. 색칠되지 않은 칸은 모두 붙어 있어야 한다.

★ 숫자가 적힌 칸은 색칠이 될 수도, 안 될 수도 있다. 각각의 숫자는 굵은 선 안의 영역 안에 있는 색칠된 칸의 총 개수를 의미한다.

★ 색칠되지 않은 칸들이 모인 가로나 세로줄은 한 개 이상의 다른 굵은 선으로 표시된 영역을 넘어갈 수 없다.

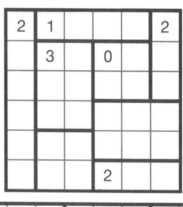

빈칸에 알맞게 색칠하고 색칠되지 않은 칸을 모두 지나는 선을 그려 보자. 선은 반드시 수평 혹은 수직이어야 하고 어떤 칸이든 한 번만 지나갈 수 있다. 화살표와 숫자가 적힌 칸은 색칠이 되어서도, 선이 지나가서도 안 된다. 오른쪽에 주어진 예시를 참고해 보자.

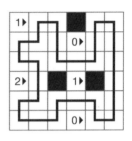

★ 화살표와 함께 적힌 숫자는 그 숫자가 적힌 칸으로부터 화살표 방향에 따라 가로줄 혹은 세로줄에 있는 색칠된 칸의 개수를 의미한다. 만약 같은 줄에 숫자가 두 개 있다면 다른 숫자가 적힌 칸을 무시한다. 하지만 그림에 존재하는 색칠된 칸에 대한 모든 정보가 다 제공된 것은 아니다.

★ 색칠된 칸은 대각선으로 닿을 수는 있지만 측면으로는 맞붙어 있을 수 없다.

179

 두뇌 훈련법의 정답을 알려드립니다

뇌의 능력을 향상시키려면 책에 나온 것과 같은 다양한 퍼즐을 푸는 연습이 반드시 필요하다. 퍼즐을 풀려고 시도하는 것만으로도 좋은 효과를 볼 수 있다. 중요한 것은 정확한 답을 얻는 것이 아니라 정답에 가까워지도록 노력하는 것이다.

왜 그럴까?

뇌는 수많은 퍼즐을 푸는 방법을 연구하고 새로운 것을 터득하는 방식을 통해 단련이 가능하다. 경험에서 우러나온 방식이 꼭 맞지는 않아도 그 안에서 여전히 배울 거리를 찾아낼 수 있다. 하지만 도전하는 것이 두렵다면 언제든 잠깐 멈췄다가 다시 시작할 수 있다는 것을 잊지 말자. 감정이 안 좋은 상태에서 학습하는 것은 효과가 없기 때문이다.

너무 어렵다면?

만약 이 책에 나온 퍼즐의 난도가 너무 높게 느껴진다면 정답과 해설을 먼저 확인하고 거기서 힌트를 얻은 뒤 풀어도 좋다. 힌트를 얻는 과정마저도 큰 도움이 될 것이다.

> **MEMORY**
> - 모든 도전 과제에 필요한 해답이 주어져 있다.
> - 해답을 보고 복잡한 퍼즐을 이해할 수 있다.
> - 퍼즐을 풀지 못했더라도 그 과정에서 많은 것을 얻을 수 있다.

1일 차 : 첫 번째 훈련법

2일 차 : 첫 번째 훈련법

· NOW/OWN/WON
· NAPS/PANS/SNAP/SPAN
· EMITS/ITEMS/MITES/SMITE/TIMES

2일 차 : 두 번째 훈련법

· 첫 번째 전개도
· 네 번째 전개도

3일 차 : 첫 번째 훈련법

×	×	○	×	○	×	×	×
○	○	×	○	○	×	×	○
○	×	×	○	×	○	×	×
○	○	×	○	×	○	○	×
×	○	○	×	×	×	○	×
×	×	○	×	○	×	×	○
○	○	×	×	×	○	○	○
×	○	○	○	×	○	○	×

○	○	○	×	×	○	×	○
○	×	×	×	○	×	×	×
○	×	○	×	○	×	○	×
×	○	×	○	×	○	○	○
×	○	×	○	×	○	○	○
×	○	×	×	×	○	○	×
×	×	○	×	×	○	×	○
×	○	○	×	×	○	○	○

3일 차 : 두 번째 훈련법

1	1	0	0	1	0	0	1
1	1	0	0	1	0	0	1
0	0	1	1	0	1	1	0
0	0	1	1	0	0	1	1
1	1	0	0	1	1	0	0
0	0	1	1	0	0	1	1
0	0	1	1	0	1	1	0
1	1	0	0	1	1	0	0

1	0	0	1	0	1	1	0
0	1	0	0	1	0	1	1
1	0	1	0	1	0	0	1
0	0	1	1	0	1	1	0
0	1	0	0	1	1	1	0
1	0	1	1	0	0	1	0
0	1	1	0	1	0	0	1
1	1	0	1	0	1	0	0

5일 차 : 두 번째 훈련법

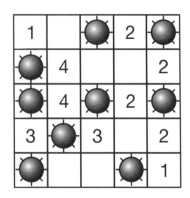

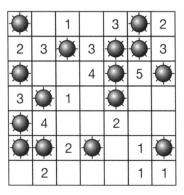

4일 차 : 두 번째 훈련법

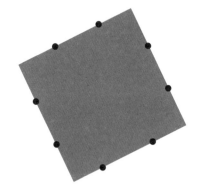

5일 차 : 첫 번째 훈련법

0	1	4	3	0	0	2	2
6	3	2	2	1	2	0	4
5	6	5	2	5	6	0	3
2	4	0	0	3	5	3	6
1	5	3	5	1	3	6	6
4	5	2	4	4	3	6	4
6	5	0	4	1	1	1	1

6일 차 : 첫 번째 훈련법　　7일 차 : 첫 번째 훈련법

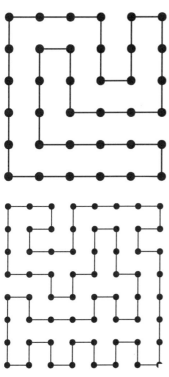

7일 차 : 두 번째 훈련법

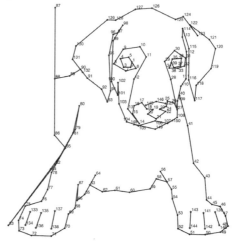

8일 차 : 첫 번째 훈련법

- 구멍
- 기온(氣溫)
- 여권용 도장
- 2등
- 어둠
- 시간
- 공을 위로 던진다.
- Phone
  (p와 h를 빼고 나면 'one=하나'만 남는다)
- 시계에서 오전 9시 + 5시간 = 오후 2시
- 구멍

8일 차 : 두 번째 훈련법

- +1. 나를 알고 적을 알면 백전백승이다.
- +5. 죽느냐 사느냐 그것이 문제로다.
- −3. 아는 것이 힘이다.
- −1. 너 자신을 알라.
- −3. 모든 인간은 평등하다.

9일 차 : 첫 번째 훈련법

31	32	33	34	35	36
30	29	22	21	20	19
27	28	23	16	17	18
26	25	24	15	14	13
7	8	9	10	11	12
6	5	4	3	2	1

8	7	4	3	58	57	56	55
9	6	5	2	59	62	63	54
10	17	18	1	60	61	64	53
11	16	19	32	33	34	51	52
12	15	20	31	36	35	50	49
13	14	21	30	37	38	47	48
24	23	22	29	40	39	46	45
25	26	27	28	41	42	43	44

10일 차 : 첫 번째 훈련법

F	E	B	D	C	A
E	C	A	F	B	D
D	B	F	E	A	C
A	F	D	C	E	B
B	D	C	A	F	E
C	A	E	B	D	F

A	C	B	D	E	G	H	F
B	G	H	E	F	C	D	A
E	D	A	H	G	F	B	C
D	F	G	A	C	H	E	B
F	H	C	G	B	E	A	D
G	E	D	F	A	B	C	H
H	B	E	C	D	A	F	G
C	A	F	B	H	D	G	E

10일 차 : 세 번째 훈련법

1	7	6	2	9	8	5	0	4	3
4	9	0	5	3	2	7	1	6	8
0	7	8	1	9	6	4	5	2	3
5	6	3	7	2	0	1	8	9	4
9	8	0	5	1	7	4	2	6	3
19	37	17	20	24	23	21	16	27	21

2	5	1	9	4	8	0	6	7	3
0	9	6	7	3	1	5	2	4	8
8	7	2	1	4	6	0	9	5	3
4	9	5	6	7	2	1	3	8	0
1	8	7	2	4	3	0	5	9	6
15	38	21	25	22	20	6	25	33	20

10일 차 : 두 번째 훈련법

13	15	17	18	34	35
12	14	16	33	19	36
11	10	9	20	32	31
7	8	1	21	29	30
6	2	23	22	25	28
5	4	3	24	27	26

29	58	57	60	15	16	13	12
30	28	59	56	61	14	17	11
31	27	63	62	55	51	10	18
32	26	64	54	50	52	19	9
33	25	23	49	53	20	8	7
34	24	48	22	21	1	6	5
35	37	40	47	42	45	2	4
36	39	38	41	46	43	44	3

11일 차 : 두 번째 훈련법

- 자음 'ㄴ'
- 사전에서 찾을 때 가나다 순에 의해 '구'나 '십'이 '팔' 앞에 온다.
- short: 짧은, shorter(short + er): 더 짧은
- 9명

11일 차 : 세 번째 훈련법

	16\	14\	17\			23\	16\	30\	
24\	7	8	9	26\	24\	8	7	9	
30\	9	6	8	7	23\3	6	9	8	17\
	8\	29\	19\	8	2	9	15\12	7	8
3\	2	1	3\16	2	1	23\7	8	6	9
30\	6	8	7	9	3\24	2	1	26\	11\
	14\15	5	9	21\17	7	1	3	2	8
17\	8	9	20\	7	9	4	16\	7	9
34\	7	6	4	9	8	6\10	2	4	16\
	3\25	2	1	20\15	2	3	8	7	
23\	9	8	6	8\16	7	1	14\	5	9
9\	8	1	13\17	2	8	3	17\	16\	5\
	23\	9	8	6	21\	4	9	7	1
	24\	7	9	8		21\	8	9	4

12일 차 : 첫 번째 훈련법

11일 차 : 네 번째 훈련법

	2	3	1	2	4	
2	4	3	5	1	2	2
3	1	4	2	5	3	2
1	5	2	1	3	4	2
2	2	5	3	4	1	3
3	3	1	4	2	5	1
	2	2	2	3	1	

12일 차 : 두 번째 훈련법

12일 차 : 세 번째 훈련법

• erg, ergs, gent, gents, get, gets,
gin, gins, girt, girts, gist, grin, grins,
grist, grit, grits, ingest, reign, reigns,
resign, resting, rig, rigs, ring, rings,
sering, sign, signer, signet, sing,
singe, singer, sting, stinger, string,
tiger, tigers, ting, tinge, tinges, tings
and trig.

• ark, arks, ask, askew, auk, auks,
awestruck, cake, cakes, cask,
casket, creak, creaks, rack, racket,
rackets, racks, rake, rakes, rusk,
sack, sake, skate, skater, skew,
stack, stake, stark, steak, streak,
struck, stuck, suck, sucker, tack,
tacks, take, taker, takers, takes,
task, teak, teaks, track, tracks, trek,
treks, truck, trucks, tuck, tucker,
tuckers, tucks, tusk, tweak, tweaks,
wake, wakes, weak, wrack, wreak,
wreaks, wreck and wrecks.

13일 차 : 두 번째 훈련법

13일 차 : 세 번째 훈련법

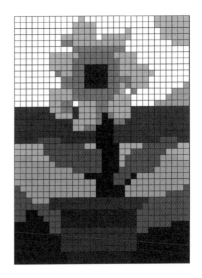

15일 차 : 두 번째 훈련법

5	2	4	2	6	2
6	3	6	4	6	1
4	6	2	3	1	5
5	1	5	6	5	3
1	6	6	3	4	2
2	4	3	1	3	6

7	8	3	7	4	1	6	2
4	6	8	2	5	3	7	3
6	2	7	1	3	8	2	5
2	4	6	4	8	4	1	4
1	8	2	6	3	7	2	3
5	4	1	4	2	2	8	6
1	5	2	7	6	1	4	3
8	3	1	5	6	6	2	7

15일 차 : 세 번째 훈련법

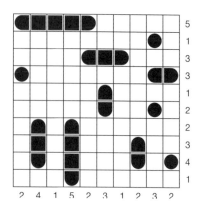

16일 차 : 첫 번째 훈련법

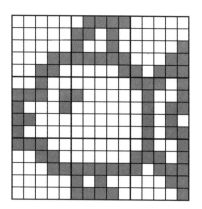

188

16일 차 : 두 번째 훈련법

	1		3		4	4			1
1	2		4		7	6	5		
2		5		6		5			2
2		5					6	3	2
	3			5	5			3	
	2	4		6		5		3	2
2			3	4		4	3	3	
3	4		4		4	5			3
	5	6		6	5		4	5	3
1		5		5	4	5	4	4	

17일 차 : 두 번째 훈련법

- 바람: 봄바람 / 바람개비
- 시간: 영업시간 / 시간제한
- 술래: 강강술래 / 술래잡기
- 운전: 안전운전 / 운전대
- 생활: 바른생활 / 생활기록부
- 계좌: 가상계좌 / 계좌번호
- 전화: 휴대전화 / 전화위복
- 바퀴: 톱니바퀴 / 바퀴벌레

17일 차 : 첫 번째 훈련법

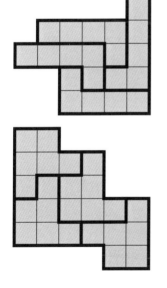

18일 차 : 첫 번째 훈련법

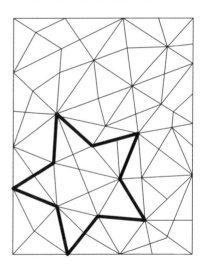

189

18일 차 : 두 번째 훈련법

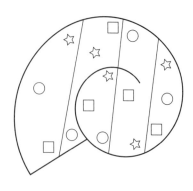

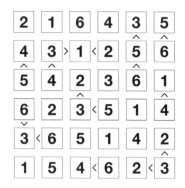

18일 차 : 세 번째 훈련법

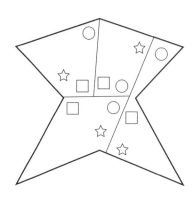

19일 차 : 첫 번째 훈련법

- 오늘은 1월 1일이고 내 생일은 12월 31일이다. 현재 나는 9살이고 내년 12월 31일이 되면 11살이 된다.
- Learning. 다른 네 개는 서로 철자를 바꾼 단어들이다.
- 20번: 5, 15, 25, 35, 45, 50, 51, 52, 53, 54, 55, 56, 57, 58, 59, 65, 75, 85, 95.
- 사다리가 가로로 뉘여 있었기 때문에.
- 각 숫자를 영어로 읽어 보면 알파벳 순서대로 나열되어 있다.
- United Arab Emirates. 18개의 철자가 들어간다.
- 거꾸로 읽어도 같은 문장이다.
- 한 여성이 엄마인 동시에 딸이어서.
- 오일(OIL).

19일 차 : 세 번째 훈련법

· 올드보이
· 7번방의 선물
· 살인의 추억
· 태극기 휘날리며
· 왕의 남자
· 엽기적인 그녀
· 박하사탕
· 범죄와의 전쟁
· 부당거래
· 뷰티 인사이드
· 내 머리 속의 지우개
· 달콤한 인생
· 건축학개론

20일 차 : 세 번째 훈련법

6	5	7	9	3	1	4	8	2
1	8	3	6	2	4	9	5	7
9	4	2	8	5	7	6	3	1
5	9	6	2	7	3	8	1	4
3	1	4	5	8	9	7	2	6
7	2	8	4	1	6	3	9	5
8	3	1	7	6	2	5	4	9
2	7	9	3	4	5	1	6	8
4	6	5	1	9	8	2	7	3

21일 차 : 첫 번째 훈련법

· ORANGE : 오렌지
· APPLE : 사과
· RASPBERRY : 라즈베리
· MANGO : 망고
· PEACH : 복숭아
· APRICOT : 살구
· PLUM : 자두
· BANANA : 바나나

20일 차 : 두 번째 훈련법

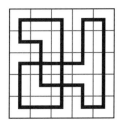

21일 차 : 두 번째 훈련법

A 와 D
B 와 E
C 와 F

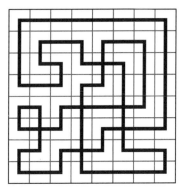

22일 차 : 첫 번째 훈련법

- 200 × 150 = 30,000명의 사람들이 볼 수 있다.
- 50 ÷ 1000 = 5 ÷ 100 = 5%
- 각각의 소셜 미디어에서 50명의 팔로워를 보유할 때 50번 공유된 숫자 + 각 소셜 미디어의 팔로워 수 : 50 + 50 = 150

22일 차 : 네 번째 훈련법

- 다도해
- 반도
- 툰드라
- 사바나
- 빙하
- 타이가
- 편서풍
- 리아스식 해안
- 석호

22일 차 : 두 번째 훈련법

- 20 = 4+6+10
- 26 = 7+8+11
- 30 = 4+7+8+11
- 34 = 6+7+10+11

23일 차 : 첫 번째 훈련법

- 58 = 19 + 13 + 26
- 70 = 18 + 40 + 12
- 80 = 30 + 24 + 26

22일 차 : 세 번째 훈련법

영어 철자 'k'

23일 차 : 두 번째 훈련법

- 8 × 10 ÷ 5 + 3 = 19
- (50−10) × 4 + 6 + 7 = 173

24일 차 : 첫 번째 훈련법

- 국기에 들어가는 그림. 우루과이 국기의 해, 바베이도스 국기의 삼지창, 미국 국기의 별, 캐나다 국기의 단풍잎.
- 생산할 때 석유가 원료로 들어간다.
- 모두 한자어. 귤橘 / 포도葡萄 / 양말洋襪 / 사이비似而非
- 국내 유명 캐릭터의 모티브. 펭귄-뽀로로, 경찰차-로보카 폴리, 버스-타요, 소시지-코코몽, 애벌레-라바
- 해맞이 명소.
- 투자할 때 따져봐야 할 조건이다.
- 뒤에 '해(海, Sea)'자가 붙을 수 있다.
- 영화 제목에 들어갔던 지명.
- 대한민국 역대 대통령 이름.

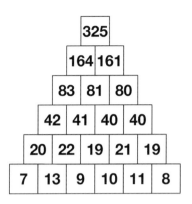

24일 차 : 두 번째 훈련법

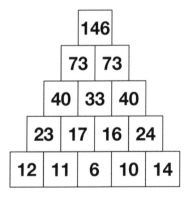

25일 차 : 첫 번째 훈련법

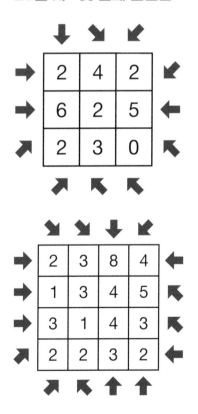

25일 차 : 두 번째 훈련법

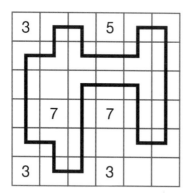

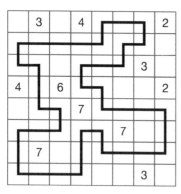

26일 차 : 첫 번째 훈련법

26일 차 : 두 번째 훈련법

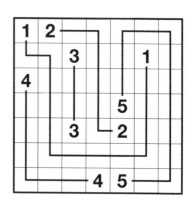

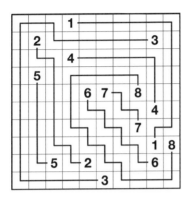

27일 차 : 첫 번째 훈련법

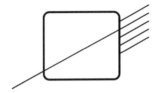

27일 차 : 두 번째 훈련법

• 둘 다 직선이다. 자를 대고 직접 확인해 봐
도 좋다.

26일 차 : 세 번째 훈련법

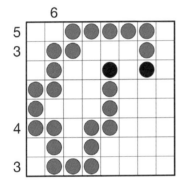

27일 차 : 세 번째 훈련법

• 그림 속에 흰 점은 없다. 흰 점은 뇌가 점선
을 보고 일으킨 착각에 불과하다.

27일 차 : 네 번째 훈련법

• 세 개의 원 크기는 모두 같다.

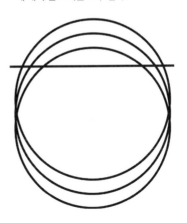

26일 차 : 네 번째 훈련법

195

28일 차 : 첫 번째 훈련법

- 1992: 　바르셀로나
- 1996: 　애틀랜타
- 2000: 　시드니
- 2004: 　아테네
- 2008: 　베이징
- 2012: 　런던
- 2016: 　리우 데 자네이루

29일 차 : 두 번째 훈련법

- badminton / 배드민턴
- hiking / 등산
- dressage / 마술(馬術, 말을 다루는 기술)
- karate / 가라테
- snooker / 스누커(당구의 일종)
- rodeo / 로데오
- rugby / 럭비

28일 차 : 두 번째 훈련법

- 1948~1960: 　이승만
- 1960~1962: 　윤보선
- 1963~1979: 　박정희
- 1979~1980: 　최규하
- 1980~1988: 　전두환
- 1988~1993: 　노태우
- 1993~1998: 　김영삼
- 1998~2003: 　김대중

30일 차 : 두 번째 훈련법

1	5	8	7	4	6	2		3
4	9	2	3		5	8	6	7
7	3		2	8	9	4	1	5
2	4	3		5	1	9	7	6
9	1	5	4	6	7	3	2	
6		7	8	3	2	5	4	1
5	8	1	6	7	3		9	2
	7	9	5	2	4	1	3	8
3	2	6	1	9		7	5	4

31일 차 : 첫 번째 훈련법

- 총 36개

31일 차 : 두 번째 훈련법

```
1 6 8 5 7 2 4 3
7 5 2 6 1 8 3 4
6 4 3 7 8 1 5 2
4 2 6 8 3 5 1 7
5 7 1 4 2 3 6 8
8 3 4 2 5 6 7 1
2 1 7 3 6 4 8 5
3 8 5 1 4 7 2 6
```

31일 차 : 세 번째 훈련법

• 46개
• 33개

32일 차 : 첫 번째 훈련법

• 가장 많이 나타난 도형은 사각형이고,
  가장 적게 나타난 도형은 삼각형이다.

32일 차 : 두 번째 훈련법

• 합은 79이다.

32일 차 : 세 번째 훈련법

• 1부터 8까지를 모두 곱한 값은 40,320
  이다.

32일 차 : 네 번째 훈련법

• 합은 370이다.

33일 차 : 첫 번째 훈련법

• 35 = 13 + 22

33일 차 : 두 번째 훈련법

• 15 = 9 + 6
• 29 = 11 + 13
• 38 = 17 + 21
• 92 = 42 + 50

33일 차 : 세 번째 훈련법

29	38	57	19	82	62

14	7	25	5	10	3

29	87	58	76	38	19

27	9	3	21	10	5

45	10	7	43	39	95

34일 차 : 첫 번째 훈련법

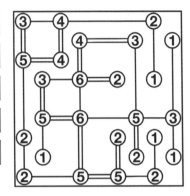

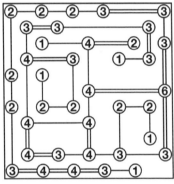

33일 차 : 네 번째 훈련법

12× 3	4	16+ 1	5	6	3+ 2
11+ 6	5	12× 3	5+ 2	4	1
3+ 1	2	4	3	11+ 5	6
24× 4	6	1- 5	5+ 1	5+ 2	3
3- 2	36× 1	6	4	8+ 3	5
5	3	2	6	5+ 1	4

9+ 5	1	6× 2	3	8× 4	30× 6
1÷ 6	3	4- 1	96× 4	2	5
3	2	5	6	1	4
432× 4	6	3	4- 1	8+ 5	2
2÷ 2	20× 4	6	5	54× 3	1
1	5	2- 4	2	6	3

198

34일 차 : 두 번째 훈련법

7	6	4	3	2	8	5	1	9
3	8	1	5	6	9	4	2	7
5	2	9	1	7	4	6	3	8
6	4	7	9	8	2	3	5	1
2	5	8	6	1	3	9	7	4
1	9	3	7	4	5	2	8	6
9	1	6	2	5	7	8	4	3
4	7	2	8	3	6	1	9	5
8	3	5	4	9	1	7	6	2

35일 차 : 첫 번째 훈련법

• 자동, 자동화, 선전, 선전물, 물통, 자전, 동전, 화전, 전통, 화동, 전선, 동자, 동선, 자선, 차통
• 산수, 아기, 성진, 사전, 산마, 기성, 전사, 진사, 진마, 진전, 전수, 기아, 성기, 기산, 성마, 수전, 마수

35일 차 : 두 번째 훈련법

• MAGENTA 마젠타(자홍색)
• LAVENDER 라벤더
• INDIGO 인디고(남색)
• PLUM 플럼(자주)
• VIOLET 바이올렛(보라)
• OLIVE GREEN 올리브그린(어두운 녹갈색)
• CYAN 사이언(청록색)

35일 차 : 세 번째 훈련법

• 비파형동검
• 판옥선
• 환두대도
• 팔만대장경
• 승정원일기
• 진경산수화
• 곤여만국전도
• 앙부일구

37일 차 : 첫 번째 훈련법

• 서울특별시
• 부산광역시
• 인천광역시
• 대구광역시
• 광주광역시
• 울산광역시
• 대전광역시
• 세종특별자치시
• 경기도
• 강원도
• 경상북도
• 경상남도
• 충청북도
• 충청남도
• 전라남도
• 전라북도
• 제주특별자치도

37일 차 : 두 번째 훈련법

- 1967-1974: 리처드 닉슨
- 1974-1977: 제럴드 포드
- 1977-1981: 지미 카터
- 1981-1989: 로널드 레이건
- 1989-1993: 조지 H. W. 부시
- 1993-2001: 빌 클린턴
- 2001-2009: 조지 W. 부시
- 2009-2017: 버락 오바마

37일 차 : 세 번째 훈련법

- 이집트, 수단, 리비아, 알제리, 튀니지, 모로코, 남수단, 르완다, 부룬디, 우간다, 중앙아프리카공화국, 콩고민주공화국, 나미비아, 남아프리카공화국, 레소토, 마다가스카르, 말라위, 모리셔스, 모잠비크, 보츠와나, 앙골라, 에스와티니, 잠비아, 짐바브웨, 세이셸, 소말리아, 에리트레아, 에티오피아, 지부티, 케냐, 코모로, 탄자니아, 가나, 가봉, 감비아, 기니, 기니비사우, 나이지리아, 니제르, 라이베리아, 베냉, 부르키나파소, 카보베르데, 차드, 코트디부아르, 말리, 모리타니, 세네갈, 시에라리온, 토고, 콩고공화국, 적도 기니, 카메룬, 상투메프린시페, 스와질란드.

39일 차 : 첫 번째 훈련법

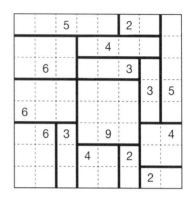

39일 차 : 두 번째 훈련법

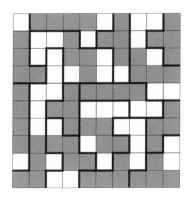

40일 차 : 두 번째 훈련법

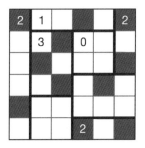

40일 차 : 첫 번째 훈련법

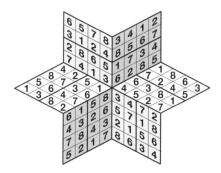

40일 차 : 세 번째 훈련법

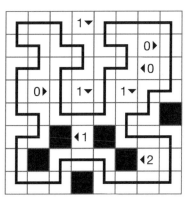

시리즈 소개

40일간 하루 20분,
쉽고 간단한 기억력 훈련법

기억력 천재
게으른 뇌를
깨 * 워 * 라

"기억하면 할수록 좋아진다!"

40일간 하루 20분 재미있게 놀다 보면 기억력의 달인이 된다.

깜빡하는 인생에서 기억력 천재로, 반전 인생 전략법

기억은 우리 존재를 이루는 중요한 부분이다. 기억력이 없다면 내가 누구인지, 어디서 왔는지, 어디로 가는지도 알 수 없다. 기억력은 존재의 본질이라고 할 수 있는데, 우리는 왜 관심을 갖지 않을까?
기억력 활용법을 배우면 삶이 풍요로워진다. 이 책에 나와 있는 일일 프로그램을 통해 단계적으로 쉽게 배울 수 있다. 많은 책에서 검증된 방법들과 최신 연구 결과를 더해서 만든 쉽고 간단한 일일 프로그램이 당신의 남은 평생에 커다란 변화를 불러일으킬 것이다.

혹시 당신은 매일 쳇바퀴 도는 일상을 반복하고
한정된 공간에서만 생활하고 있는가?
그러는 이유가 '안전' 때문이라면 지금 당장 새로운 것을 시도해 보기 바란다.
굉장히 새롭고 낯선 것일 필요까지는 없다.
늘 집에 가는 길이 아닌 안 가본 길로 돌아가 본다든지,
다른 교통수단을 이용해 보는 것으로도 충분하다.

인간의 뇌는 어떤 문제에 관해 다른 사람과 대화할 때
혼자서 생각할 때와는 다른 방식으로 처리한다.
말하는 도중에 새로운 아이디어를 떠올리게 하거나 근본적인 문제점을 찾는다.

인간의 뇌는 패턴을 찾는 데 뛰어나다.
어떤 일이 일어나는지 파악하거나 새로운 일을 하려고 할 때,
뇌는 동시에 혹은 연이어 나타나는 점들을 빠르게 찾아낸다.
하지만 패턴이 아예 존재하지 않을 때도
뇌는 일정한 패턴을 찾기 위해 분주히 일한다.

같은 주제라도 적확한 단어를 사용해 설명하면 자신이나 듣는 사람이나 더 쉽게 기억하고 이해할 수 있다. 어휘력을 넓히고 독서량을 늘리면 생각의 크기를 키울 뿐만 아니라 대화의 기술도 습득할 수 있다.

뇌는 수많은 퍼즐을 푸는 방법을 연구하고 새로운 것을
터득하는 방식을 통해 단련이 가능하다.
경험에서 우러나온 방식이 꼭 맞지는 않아도
그 안에서 여전히 배울 거리를 찾아낼 수 있다.

인간의 뇌는 일생동안 끊임없이 새로운 사고방식을 터득한다.
게다가 장기 기억 능력과 관련하여 새로운 뇌세포를 만드는 것도 가능하다.